抱 朴

凡世与神界

抱

朴

凡世与神界书系　　　　王仁湘／著

动物有灵

艺术考古随记 ／ 之二

DONG WU YOU LING

从信仰和神话看中华文明的发生

以考古图像求证神话的本源

以图像神话求证历史的真相

考古物证隐含神话的真相

神话本是人话，神界出自凡间

那些史前时代的图像

蕴含先民虔诚的信仰

闪烁先民精神家园的光焰

上海古籍出版社

图书在版编目(CIP)数据

动物有灵:艺术考古随记之二/王仁湘著.--上
海:上海古籍出版社,2023.7
(凡世与神界书系)
ISBN 978-7-5732-0725-8

Ⅰ.①动… Ⅱ.①王… Ⅲ.①文物-考古-中国-文
集 Ⅳ.①K870.4-53

中国国家版本馆 CIP 数据核字(2023)第 096828 号

凡世与神界书系

动物有灵

艺术考古随记之二

王仁湘 著

上海古籍出版社出版发行
(上海市闵行区号景路 159 弄 1-5 号 A 座 5F　邮政编码 201101)
(1) 网址：www.guji.com.cn
(2) E-mail：guji1@guji.com.cn
(3) 易文网网址：www.ewen.co
上海丽佳制版印刷有限公司印刷
开本 890×1240　1/32　印张 7　插页 4　字数 156,000
2023 年 7 月第 1 版　2023 年 7 月第 1 次印刷
ISBN 978-7-5732-0725-8

K·3386　定价：68.00 元
如有质量问题,请与承印公司联系

造作众神

——代总序

　　宗教与信仰的诞生，也许与人类具有意识的历史一样古老。有的人甚至这样说：宗教是原始文化的精神大全。宗教起源于古远的时代，几乎和人类的生成同步，故而宗教现象在人类最原始的文化中就已经出现。还有的研究者指出：自特有反映意识炽烈地燃烧于人的头脑中以来，神话与宗教就已成为人类历史的一部分。神话的一个共同主题，是赋予非人的自然物与自然力以似人的动机与情感，这与早期的宗教明显是相通的。

　　宗教也许并没有这样古老。有人认为，人类的意识自产生以后，在很长的发展过程中处于极低下的状态，不会进行复杂的思维，不会幻想，所以不会有宗教信仰。恩格斯说："宗教是在最原始的时代从人们关于自己本身的自然和周围的外部自然的错误的、最原始的观念中产生的。"宗教大约出现在旧石器时代中期，人类逐渐开始了解自身而无法认识自身的许多奥秘，开始认识自然而无法解释它的千变万化。低下的生产水平使人类在生存搏斗中显得软弱无力，于是在神秘与恐惧中产生了一种幻觉，认为世界上有一种超自然力的存在，还幻想着借助这超自然力摆脱苦痛。那些不能解释的自然力，甚至还有许多平平常常的自然物，被人们逐渐神化了，当作了崇拜的对象，最初的宗教就这样产生了。

在史前时代，所有的人都是宗教信仰者，宗教是他们的宇宙观和思维方式。原始宗教的产生，主要渊源于万物有灵观念，这实质是原始人的宇宙观。在古社会里，人们感觉到的是一种二重世界，以为现实世界不仅是人的世界，同时也是神灵的世界，神灵具有无限的力量，统御着天地与人间。其实，神灵是人类自己从大脑中臆造出来的，人类在创造自己的世界时，也创造了一个鬼魂的世界，人类是众多神灵的造作者。神的世界，就是人的精神世界，至高的神界与平凡的人界是相通的。

在崇拜神灵的过程中，人们神化了自然力与自然物，对高山大川、日月星辰等万事万物都有神秘的理解，宗教崇拜因之产生，这便是最先出现的自然崇拜。史前人类在能力有限的艰难跋涉中，感受到自然力的强大和一些自然物超人的力量，以为它们都是有生命有意志的，它们像人一样也有魂灵主宰，由此生发出自然崇拜，自然力被人格化了，这就是万物有灵观念的产物。先民们认为，人不能为所欲为，还有神在主宰他们，众多的神灵与他们一起生活在这个世界上，神灵既可赐福人类，也会降祸人类，只有顶礼膜拜，才能求得神灵的护佑。

人类学家认为，宗教发展的历史与人类的进化、文化的发展是同步的，不能低估它存在的意义。特别是在人类的童年时代，早期的各种文化形式与宗教都有着不可分割的联系，无论是生活、生产方面的物质文化，还是语言、艺术方面的精神文化，都有依附于宗教的内容。有学者说："宗教就是与超自然力量有关的信仰、态度和行为，而不管这超自然力量是什么——是神灵，是祖先，还是上

　　　　　　　　　　　　　　　　　动物有灵

帝——宗教产生的根源在于人们对自然现象的不能理解，也在于对人类社会感到险恶莫测。宗教便是人们以虚幻的形式来解释和控制这些他们不能控制领域的尝试。"

原始宗教的发展，是经灵魂崇拜和自然崇拜演变而成的，诸神的谱系逐渐系统化、观念化和人格化，进而由偶像崇拜向人格神崇拜过渡。

人类在创造神的世界时，可能有一个逐渐完善的过程。不过最先出现的自然神的崇拜，我们想象不出它们是逐一造成的，还是一群群造成的。在万物有灵观念的支配下，一切自然力与自然物，上自天体，下到大地，所有与人类相关的事物，都可以成为崇拜的对象。人们认为它们各自都有神灵主宰，都具有人类无法超越的力量。根据崇拜对象的不同，自然崇拜可以分为山石崇拜、水火崇拜、动植物崇拜、天体崇拜、大地崇拜等几大类，在史前考古中大体都能找到它们存在过的证据。

山石和水火崇拜的形成，是因为它们与人类生活有着密切的关系。普普通通的石块，一经制作成器，就为人类的生产活动增加了力量，久而久之便形成了山石崇拜乃至石器崇拜。在齐家文化的墓葬中，有随葬小白石的习俗，有时在一座墓葬中发现的小白石达300多块，一些研究者认为这就是白石崇拜的遗迹。这些白石作为随葬品的用意我们已不能完全弄清楚，也许同后来的羌人那样以白石为一切神灵的代表，对此我们无法作出肯定的回答。考古学家们还发现有的史前居民在埋葬死者时，将墓葬的方向朝向山顶，或者朝向远方的高丘，这也可能与山石崇拜有关。

火给史前人类带来了温暖，也带来了威慑，人们对它总怀有敬畏之心，进而引发出崇拜心理，产生了一些特别的崇拜仪式。仰韶文化彩陶纹饰上的火焰纹样，是当时对火崇敬的具体表现。仰韶居民的居址都建有火塘，火塘一侧有火种罐，对用火的管理已有了相当的经验，可见火崇拜的仪轨一定有了很严格的内容。

天体崇拜包括了对日、月、星辰、风云和雷电的崇拜，当然也包括了对上天的整体崇拜。天体崇拜对农业部落来说，是非常重要的，因为天候气象的变化，会直接影响农作物的收成，它关系到人的生存。耕作播种需要降雨，人们要向掌管降雨的雨神祈求；作物的生长需要足够的光照，又得求日神护佑。新石器时代陶工在彩陶上描绘的种种纹样，在一定程度上表现了当时的信仰与崇拜。如仰韶和马家窑文化彩陶上常见的蛙纹、鸟纹及其变体，可能就表现了马家窑人对蛙、鸟的崇拜心理。我们知道，华夏民族在文明初期极其崇拜蛙与鸟，在我们的神话中，鸟为太阳神，而蛙（蟾蜍）为月亮神，这表明日月崇拜出现的时代是很早的，它可能起源于黄河上游地区，是原始农耕文化的产物。黄河下游的大汶口文化陶工，将日月山的复合图像刻划在陶缸上，虽然对它的解释说法不一，至少在客观上反映了当时存在的一种以天体崇拜为主的综合性自然崇拜。

其实在游牧部落中，也并非不流行天体崇拜。我们在内蒙古阴山地区的古代岩画中，看到许多有关天体星座的画面，甚至还有对太阳双手合十的跪拜图像，生动地体现了游牧人拜天的事实。

农业部落不仅重视天体崇拜，而且还十分重视大地崇拜。大地崇拜在农耕文化中表现为地母崇拜，地母即后世所说的土地神。人们生存在大地上，收获在大地上播种的果实，非常自然地视大地为养育了自己的母亲，由此萌发了大地崇拜。大地崇拜的仪式常与农事活动相关联，通常表现为播种前的祈求丰产的仪式，还有获得丰收后的谢神仪式，中国历史时期隆重的"春秋二社"，可能起源于远古时代春秋两季规模较大的祭祀活动。大地养育了人类，所以人类要举行献祭仪式，以此作为报答。史前时代出现的妇女雕像，通常被认为是土地神的象征，它是将地母人格化的神灵。红山文化发现了崇拜地母的祭坛，大地崇拜已有了固定的程式化的仪式。

女神崇拜应当出现在旧石器时代晚期，欧洲的一些旧石器时代遗址出土了不少表现女神崇拜的"维纳斯"雕像。在中国，迄今尚未发现旧石器时代女神崇拜的证据，相信以后会有的。我们只是在红山文化遗址中，发现了用陶土抟制的女性塑像，还见到大型的形如真人的女神塑像，研究者认为那应当是红山居民心中的始祖神。红山人为此盖神庙、砌祭坛，经常举行隆重的祭仪。中国古代传说中的始祖神，是我们在前面已经提到的女娲，她用黄土造人的故事代代相传，伟大的女娲永远是黄土子孙心中的始祖神。

中国古代以"社"为地神，以"稷"为谷神，习惯上将"社稷"的合称作为国家的代名词，我们从中看到了原始宗教打下的深深印记。

我们还注意到，由自然崇拜派生出来的灵物崇拜，在史前时代也极为流行。灵物崇拜的对象比较广泛，包括许许多多的人工制品，大到房屋，小到一般的器具。许多当代原始部落中有佩戴护身符的习俗，这种被认为具有特别神力的小小物件，常常是一种很平常的稍作加工的自然物品，如兽牙、贝壳等，都能作此用。当然有的部落对某些物品可能特别推崇，认为它具有明显的护卫神力，所以用它作为自己的护身符，这实际上就是一种灵物崇拜。在山东和江苏的几处大汶口文化墓地中，都曾发现一些以龟甲随葬的例子，可能是灵物崇拜的遗迹。如山东泰安大汶口的 11 座墓葬中共出土龟甲 20 个，江苏邳县刘林 9 座墓出土龟甲 13 个，大墩子 15 座墓出土龟甲 16 个。另外在四川巫山大溪文化墓地，也发现 4 座墓随葬有龟甲。龟甲在随葬时一般放置在死者腰部，显然是墓主人随身携带的一件灵物，可能起到驱邪的护身符作用，这被研究者认定为是一种龟灵崇拜。后来商代盛行的龟甲占卜，可能与史前时代的这种龟灵崇拜有一定的渊源关系。

我们在主要分布在安徽一带的薛家岗文化中，还见到在一些石器上用红色进行彩绘的现象，这类器具很可能是被当作神器看待的，也是灵物崇拜的表现之一。我在发掘西藏拉萨曲贡遗址时，发现了大量涂有红色的石器，应当具有同样的用意。

自然崇拜是史前人类对自然力无能为力的一种思维方式。虽然人类在事实上依靠自己的双手和智慧取得了进步，可打心底却认定一切都是各方神灵赐予的，于是礼拜愈加虔诚。人类就是在对各路神灵这样的膜拜中，获得一部分生存与发展的信心和力量的。先民们便由此生活在自己营造的神界里，采用崇拜自然的方式来改造自然。

用心造出了那样多的神灵，人们并没有认为就此万事大吉了。神还需要礼拜，人们要通过各种礼仪活动使众神心满意足，以此求得神的护佑。礼拜神灵的最高形式是献祭，神的威严可以在各种献祭活动中得到最充分的体现，只有在这个时刻，人们感觉到与神之间的距离被缩短到了最低限度。对于那些直接主持祭仪的祭师们而言，他们是通神的崇高使者，他们简直成了神的代言人，借助神的

　　　　　　　　　　　　　　　　　动物有灵

灵光享有极高的地位。

人们对神举行的献祭活动，目的非常明确，是一种对神的贿赂行为。《诗经》有"神嗜饮食，卜尔百福""神嗜饮食，使君寿考"之类的句子，表明古人这样一种非常坚定的信念：只有多多献给神灵好吃的东西，神才会保佑人的平安，使人能够多福长寿。我们完全可以相信，这样的信念最早是史前人确立起来的，向神灵献祭饮食与其他物品的仪式在史前时代就已是非常规范化了。

在新石器时代，人们已经开始构筑专用的大型祭坛和神庙，作为日常礼拜神灵的固定场所。有研究者认为，大地湾901号房址规模宏大，建筑质量考究，应是一处召开头人会议或举行盛大宗教仪式的公共设施。室内的大灶台并非用于烹饪，可能是燃烧宗教圣火的处所；室外的12根立柱可能是氏族部落的图腾柱，这样的建筑应是原始殿堂。

红山文化和良渚文化都发现有祭坛遗迹，祭坛布局严谨，规模宏大。在辽宁东山嘴红山文化遗址，发现了一处大型石砌建筑遗迹，经研究，学者们认定属于原始宗教建筑。这是一组相关的建筑，有卵石圆形石台，也有巨长方形石坛。在圆石台周围发现了女性陶质塑像，表明那是供奉女神的祭坛。方形石坛的附近，出土有玉龙和一些非实用的彩陶器。考古学家们认为，这是一处重要的祭祀地母、农神的宗教场所，它的主人是整个部落或部落联盟。在特定的日子里，人们成群结队长途跋涉来到这里，通过隆重的祭典，献上认为神一定会喜爱的祭品，向神灵表达自己内心的愿望。

就在发现东山嘴的祭坛建筑群不久，又在距离它不远的辽宁凌源、建平两县交界处的牛河梁，发现了规模更大的祭坛与神庙遗址。

牛河梁是一处有严谨布局的建筑群，以山梁顶端的女神庙为中心，周围环绕着积石冢。女神庙是以南北方向布置的多室殿堂，北边为一石筑的大型山台，南边有 3 处大冢和祭坛。女神庙结构复杂，有主室、左右室、前后室等，供奉有女神群像。多数神像比例如真人大小，根据出土塑像残片推测，当时还塑有超过真人 3 倍之大的女神塑像。研究者们由此推测出这里应当是一处以祭祀女性先祖为主的多神礼拜场所，是一处非常重要的宗教中心。

女神庙附近的积石冢，就是用石块砌成的大型墓葬，墓内随葬有许多精美的玉器。这些积石冢的周围，还分布着一些小型墓葬，墓葬与墓葬之间建有圆形石祭坛，墓前还有石块铺成的台面和烧土面，这些都是举行祭祖仪式的处所，附近发现了一些当时用于祭祀的猪骨与鹿骨。由这些发现可以清楚地看出，祭祖对于红山文化居民来说，已经成为传统与制度，祖先崇拜已经进入相当成熟的发展阶段。有的研究者认为，遗址上所见墓祭遗迹的主祭对象是近祖，即真实的祖先；而坛庙主祭的则应是远祖，也即是部落或部落联盟的始祖神。

这种采用坛庙方式祭奠祖先的例子，不仅见于红山文化，在杭嘉湖地区的良渚文化中，也有重要发现。浙江余杭的反山、瑶山和汇观山等遗址，都发现了规模宏大的祭坛遗迹。良渚人在人工堆筑的土台上建起三色祭坛，还修筑有大型墓穴。瑶山发现的祭坛为方形，面积有 400 平方米，中间为一南北方向的红土方台，台上筑有大型墓葬。墓葬中的主人有木棺、木椁，随葬有成堆成组的玉器。多数玉器既不是生产工具，也不是生活用具，而是纯粹的礼仪用器，不少是专用的祭器。后来在余杭的汇观山也发掘到与瑶山相似的祭

　　　　　　　　　　　　　　　　　动物有灵

坛，祭坛为长方形三色土台，面积达 1 600 平方米。

根据最新的报道，长江三角洲在崧泽文化时期就开始构筑祭坛了，它表明良渚文化居民的祭统是从崧泽文化居民那里承袭来的。浙江嘉兴崧泽文化时期的南河浜遗址，发现了用不同颜色的泥土分块筑成的祭祀土台，结构为方形覆斗状，高 90 厘米，面积约 100 平方米。这样的祭坛，让人很自然地想到北京中山公园里清代的五色土祭坛，它们之间的渊源关系非常明了。

礼器的出现，应当是祭祀活动频繁举行的必然产物。中国古代盛行以玉制作礼器，以为玉能通神，这传统显然起源于史前时代。红山和良渚文化居民就已经拥有了这种玉琢礼器的传统，如良渚文化所见的琮、璧、钺，就是专用的祭器。江浙一带 20 多处良渚文化墓地的 50 多座大型墓葬中，出土用于随葬的各类玉器 6 000 余件，有时一座墓中就发现玉器 100 多件，玉器数量最多的是琮、璧、钺三种器形。这些玉器到了青铜时代仍然法力无边：钺成了权力的象征，琮和璧仍是祭天礼地的神器。在中原地区，龙山文化中也发现有礼器，包括具有权杖意义的钺和鼓等。山东地区大汶口和龙山文化中也有琮、钺和鼓，在一些大型墓葬中都随葬有这样的礼器，也许死者生前就是专门的神职人员。

史前传统的祭仪，作为献祭的重要内容还包括杀牲活动。杀牲既杀兽，也杀人。考古学家们在红山文化祭坛边发现的兽骨，当为祭祀杀牲的证据。杀人进行祭祀，称为"人牲"，是将人作为献给神灵的牺牲。农业文明中的史前居民，流行地母崇拜，他们认为对地母最大的敬意就是祭献人牲，取人血灌地，为的是祈求农作物能有好收成。在仰韶文化的一些遗址中发现不少非正常死亡的埋葬，不规则的土坑中埋着非常规葬式的死者，有的还与牲畜共埋一处，我们对此可以作出杀祭人牲的推测。类似遗迹在龙山文化时代发现更多，表明杀祭人牲更加普遍了，许多无头死者与多人不规则的丛葬，残缺不全的肢体，都是杀祭现象普遍存在的证据。

在河南地区的一些龙山文化遗址里，相继发现不少奠基牲的遗存，它也是一种相当典型的人牲现象，不同的是献祭的对象不是地母，而是房屋神。在有的遗址，一些较大的房屋居住面下或墙基下，发现有特意埋入的儿童或成人，他们显然是建房过程中处死的人牲，都是奠基用的牺牲品。如在汤阴白营遗址，发现在2座房屋内埋有童牲；在安阳后冈遗址，15座房址内埋有幼童27人；在永城王油坊遗址，发现在1座房基下埋有人骨架3具；在登封王城岗遗址，1座夯土建筑下的奠基坑中见到7具人骨架，有幼童，也有成人。人们相信，献出自己的亲人为牺牲，神灵会保佑居住平安无恙。

在对神灵的虔诚献祭中，史前先民表现得十分慷慨，他们可以毫不吝啬地献出认为是神灵所需要的一切，包括自己所创造的一切美好的东西，甚至是亲人的生命也在所不惜。

原始宗教的表现形式，除了各类崇拜祭典以外，重要的还有巫术、禁忌、卜卦等。巫术作为重要的宗教形式，与史前人类的生产、生活、生殖密切关联，有用于生产、战争、宗教活动的交感巫术与接触巫术，还有以善恶为目的的白巫术与黑巫术。巫术常常成为人们各种活动的先导，人们以一种固定的方式强制超自然力为自己的目的服务。

禁忌又被称为"反巫术"，其实也是广义巫术的一种。巫术是为达到某个目的而施行的积极行为方式，而禁忌则是为回避不幸而施

　　　　　　　　　　　　　　　　　　　　　动物有灵

行的消极行为方式。卜卦也是巫术的一种普遍的表现形式，它通过认同的各种自然物的兆示预卜行为的未来结果，或者说是通过认可的仪式主动向神灵请教，其结果称为神示或神断。

宗教被认为是人类文化中一种消极的因素，但它对人类早期文化的发展作出的重要贡献却是不可低估的。如巫术之于原始艺术的产生，对于语言的完善，对于引导人们对天文学、地理学和其他科学知识的关注，原始宗教的作用是显而易见的。宗教对人类早期神话与传说体系的构筑，对人类思维的发展，对人类哲学、艺术、伦理等文化领域的贡献，是不可磨灭的。更有学者如弗雷泽说，人类智力发展过程经历了三个具有世界历史意义的阶段，即巫术、宗教与科学阶段，三个阶段有着非常一致的目的性和心理机制，彼此之间有着不可分割的连续性，在人类文明史上它们是浑然一体的。实际上这三个阶段的发展，标志着人类认识自然的进步，这是从屈服于自然，向掌握自然规律到征服自然的进步。

（节选自知原［王仁湘］:《人之初——华夏远古文化寻踪》，四川教育出版社，1998 年）

目　录

造作众神............1

神龙诞生.............1

凤舞千年.............6

龙飞凤舞.............25

对鸟解题.............42

饕餮重构.............57

鸮鸟通神.............74

鸣鸢招风.............92

猴情千年.............98

猴鸟解谜.............105

龟甲占卜.............121

鱼龙百变.............126

神话的真相.............193

神龙诞生

　　经历过氏族社会发展阶段的原始部族，普遍相信，自己的氏族与某种动植物之间存在着特别的关系，甚至认定本氏族就起源于这种动物或植物，这种动物或植物就是神圣的祖先或保护神，这便是所谓的"图腾"。图腾（totem）是来自北美印第安人奥基布瓦部族的一个词，表示氏族的徽号或标志。每个氏族都有自己的图腾，氏族的全部成员都崇拜它，认为它神圣不可侵犯，这就是原始宗教中的图腾崇拜。

　　最初的图腾往往是某种具体的动物或植物，动物比较常见。在图腾艺术中见有不少半人半兽的作品，这是图腾人格化的结果。考古发现过不少表现为动物形体的雕塑艺术品，还发现有一些绘有动物图形的彩陶，有人认为其中应当包含有图腾标志。像仰韶文化半坡居民彩陶上的鱼形人面纹，就有人认为它是鱼图腾的证据。彩陶上的人与鱼的合成图，体现了人与鱼的结合，鱼已明显人格化。

　　在近年出土的许多良渚文化玉器上，发现了不少琢刻精细的兽面纹，其中更有一种比较复杂的人兽复合纹样，引起了众多研究者的关注。在反山遗址发现的一个重达 6.5 公斤的玉琮上，在四方中部的直槽内，采用阴线刻和浅浮雕的技法，刻画了 8 个神人兽面纹。在玉钺上，这样的神人兽面刻画得更为细腻传神。神人头着羽冠，

图 1　良渚玉刻神像

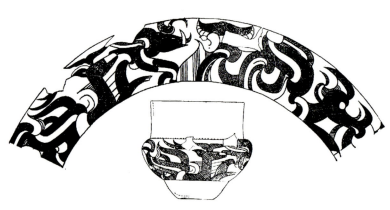

图 2　赵宝沟文化龙纹陶器
内蒙古敖汉旗赵宝沟出土

动物有灵

图 3　红山文化玉龙

图 4　红山文化玉龙

内蒙古翁牛特旗三星他拉出土

图 5　陶寺彩绘龙盘

神龙诞生

圆眼蒜鼻，龇牙露齿；上肢平端置于胸前，下肢盘屈，足有利爪；神人胸腹有兽面，有圆睁的大眼，阔嘴龇牙（图1）。这种神人兽面纹常常出现在玉钺和玉琮上，它可能是一种变化了的图腾。

氏族扩大为部落，部落又结成更大的部落联盟，组成地域广大的族群，由此可能产生更高一级更复杂的综合性图腾，作为族群的标识。也许作为中国文明象征的龙与凤，就是一种综合性图腾。无论是龙还是凤，都已经不是任何实体动物，而是多种动物的综合体，它们的崇拜者来自不同的氏族部落，是新的族群创造出来的共有图腾。龙凤图腾已没有了原始图腾的质朴意义，它的性质已发生了明显的改变。

凤的原型，有鸡、鸮（猫头鹰）、燕、鸾（孔雀）等，是若干种鸟的综合体。在仰韶文化彩陶上，我们见有三足的鸟和燕子图形，它们可能是较早的凤崇拜形式的表现。生活在东南地区的新石器时代的居民，制作有各种以鸟为主题的工艺品，表明那里存在普遍的鸟崇拜，凤形象的起源肯定缘于这种鸟崇拜。

龙的原型，有鳄、蛇、猪、马等，究竟什么动物是龙的主体，人们还有不同的认识。内蒙古赤峰赵宝沟遗址出土的一件陶器上，有猪首蛇身刻绘图像，被考古学家们认定为北方地区见到的最早的龙图形，年代为距今7 200—6 800年（图2）。拥有发达的琢玉工艺的红山文化居民，开始用坚固又晶莹的玉石制作玉龙。红山文化玉龙为猪形首，半环形身躯，无足爪，有的研究者称为"猪龙"，认为其原形为农耕部族豢养的家畜猪（图3）。考古发现的红山文化最著名的玉猪龙，出土于内蒙古翁牛特旗三星他拉遗址，高26厘米，整体圆润光滑，是十分难得的珍品（图4）。猪作为家畜，是以谷物的

动物有灵

种植为前提的，所以猪龙被认为是生活在北方的一部分农耕部族的图腾之一。

生活在黄河流域的龙山文化居民，也有自己心目中的龙，这时的龙崇拜已经是不变的传统了。在山西襄汾陶寺遗址出土的一件陶盆内，有用红色描绘的一条蟠龙，龙形长躯无足，盘曲如带（图5）。有学者认为这件蟠龙纹陶盆是一件祭器，它出自一座规模很大的墓葬，表明墓主人具有高贵的身份。

史前人心目中的龙，原本有着不同的来源。这些龙后来融会为一体，成为整个华夏族共有的龙神崇拜图腾，它在相当的程度上反映了华夏民族融会形成过程，它在中国文明起源的进程中，是一个很值得注意的标识。汉代人说龙"头似驼，角似鹿，眼似兔，耳似牛，项似蛇，腹似蜃，鳞似鲤，爪似鹰，掌似虎"，即所谓的"九似"。史前人心目中的龙，还没有如此复杂的形象，有些研究者称之为"原龙"。原龙发展到商代，已有了比较固定的形态，有了完美的造型，具有完全意义的龙在人们的思维与艺术中终于形成了。

我们注意到，当龙成为华夏民族的综合图腾之后，先民们对古老的图腾崇拜已没有原来那么热衷了，具有传统意义的图腾观念已悄然发生了变化。这可能是因为先民的自我意识有了增强，对人本身存在的意义，对自己所拥有的力量，有了清醒且客观的认识。先民在进一步探寻人的来历中，已不再满足于动植物起源的古老信仰，对生殖奥秘逐渐有了了解，从而以女性为人类之母，进而将女性祖先神化，创造出了女性始祖神，最终完成了图腾的人格化，祖先崇拜也就因此出现了。

凤舞千年

作为一种神物，凤的原形有说孔雀的，有说锦鸡或野雉的，也有说鹤的，更有说家鸡的。《山海经·南山经》就说，丹穴之山有鸟"其状如鸡，五采而文，名曰凤皇"。《尔雅·释鸟》也说，凤形为"鸡头，蛇颈，燕颔，龟背，鱼尾，五彩色"。上古指鸡为凤，或鸡凤互名，这样的事也是有的。《孝子传》更有这样的说法："舜父夜卧，梦见一凤凰，自名为鸡。"历代艺术描绘的凤的模样，肖似长尾的公鸡，长喙高冠，特征最是明显。

见过凤的人，肯定无有。可没听说过凤的人，大约也无有。《说文》说"凤，神鸟也"，而鸡，谓之"知时畜也"，《玉篇》称为"司晨鸟"。一为神鸟，一为家禽，形体相近，声名共享，俗语还将凤与鸡相提并论，如说凤凰落架不如鸡、鸡窝里飞出金凤凰。不过说起凤，话题更多。我们就来说说凤话，请凤来为鸡年助兴，祈望鸡年吉祥安宁，凤舞九天。

鸡在古代称为"五德之禽"，《韩诗外传》说鸡头上有冠是文德，鸡足有距能斗是武德，鸡在敌前敢拼是勇德，鸡有食物招呼同类是仁德，鸡守时天明报晓是信德。晋代郭璞《山海经图赞》说凤是"五德其文"："五德其文者，首文曰德，翼文曰顺，背文曰义，膺文曰仁，腹文曰信"，鸡与凤在人们心中，虽有凡世与神界的分别，却

图1 汉代凤鸟图

同样都是高尚美好的象征（图1）。

　　龙凤的出现，在中国文化里，已经是很久远的事了。龙飞凤舞，龙凤呈祥。在国人心里，飞翔的凤比起龙来要亲近许多，凤的柔美艳丽给人带来许多的精神慰藉。说起凤来，虽然没有见过，我们对它的印象却很深，因为历代艺术家的创造，让我们的心中都驻有一只完美的凤。当然凤并不是一开始就这么完美，它的完美经历了漫长的完善过程。于是我们会发问：凤的形象最初是何时、何地创造出来的呢？

　　人世有祖先崇拜，也有神灵崇拜。一些特别选定的动物被神化后，进入人类的崇拜范畴，有走兽，有飞禽，也有臆想中的龙凤与怪兽。凤作为神鸟，是在史前造神运动中被创造出来的。史前之神是万物有灵观念的结晶，神灵崇拜出现得很早，但造出可供祭祷的各类神像却可能是六七千年前才开始的。这个造神运动经历了大约一千多年，随后发展到一个高峰，在史前中国，这是当美玉作为介质被造神运动认可之后的事情。凤，应当就是在造神运动中出现的，虽然古文字学家在甲骨文中认出了"凤"字（图2），不过凤的模样却并不清晰，最终还是考古揭开了这层面纱。

图2 甲骨文中的凤字

商代王后的千年藏品

在殷墟考古断续进行 40 多年之后，1976 年 5 月意外发现了一座墓葬，编号 M5。墓葬规模在殷墟并不算太大，但随葬品非常丰富，出土 4 面铜镜、4 件铜钺及 130 件青铜兵器，还有以一对后母辛大方鼎为主的 200 余件青铜礼器、156 件酒器、755 件玉器，还有 7 000 多枚海贝、47 件宝石制品，以及各种石器、陶器和海螺等。墓中殉葬 16 人、殉狗 6 条。大量铜器铭文都指向一个人——"妇好"，表明该墓是妇好之墓。这位妇好一般认为就是商王武丁的王后妇好（图 3）。

妇好随葬玉器类别比较多，有琮、璧、璜等礼器，还有用作仪仗的戈、钺、矛等，其他为装饰品的约 400 多件，饰品中有各种动物形玉饰，包括龙、凤、怪鸟兽，及大量野兽、家畜和禽鸟，如虎、熊、象、猴、鹿、马、牛、羊、兔、鹅、鹦鹉等，也有鱼、蛙和昆虫类造型。而那件编号为 M5∶350 的玉凤，是从未见过的新发现，其精工美形引起了广泛关注，被认为是考古所见最完美也是年代最早的凤的造型（图 4）。

妇好墓出土了玉凤，也出土了玉龙（图 5），玉龙有多件，而玉凤仅此一件。妇好玉凤为双面片雕玉饰，通高 13.6 厘米，厚 0.7 厘米。玉凤造型与商代甲骨文中的凤字相似，是一只神气满满的神鸟。遗憾的是，发掘者只用"作侧身回首形，阳纹浅浮雕，相当精细"15 字作了描述。细观玉凤，长喙圜眼，高冠卓然，长尾两歧，短翅半展，隐足亭立。乍观体态秀长，似回首欲飞去；静睹羽色晶莹，觉飘逸之风起。此乃考古发现的第一枚真凤玉件，非一般凡鸟造型。

玉凤一定是妇好心爱之物，不过对它的来历却颇费猜测。发掘者坚称玉凤为商代玉器，也有人认为属于龙山文化遗物。有几位学者先后提出了怀疑，认为它应当是南方石家河文化的遗物，时代早出殷墟千年。

石家河之玉，从遥远的时空进入妇好的世界，这期间发生了怎样的传承故事？

妇好是一位王后，她以率兵打仗的女将军身份载入商代历史。殷墟出土的甲骨文记录了她攻克诸多方国的战绩，她前后击败北土方、南夷国、南巴方以及鬼方等20多个小国。在商王武丁60多位"诸妇"中，有三人拥有王后地位，妇好列第一位。妇好可以从商王那儿得到赏赐，可以因战功获得自己的封地，她也会由战事获得自己的战利品，那枚玉凤为她所喜欢，有可能由这样一些途径得来。只是在她得到玉凤之前，玉凤在世上已经流传了上千年的时光。

凤诞石家河

一位商代王后喜爱的玉凤，来自数百公里之外近千年之前江汉流域的石家河文化，这中间发生的故事早已烟消云散，不过漫长的时光并不能化解我们的好奇，凤最初是由石家河人创造出来的么？

根据之后陆续获得的考古证据，特别是比对近年湖北天门石家河遗址新出土玉器资料，综合考定玉凤确非商代制品，而是更早时代长江中游石家河文化的器物。以往在湖南澧县孙家岗一座石家河文化

图 3　妇好墓出土铜器铭文中的"妇好"

图 4　妇好墓出土玉凤

图 5　妇好墓出土玉龙

图 6　石家河罗家柏岭遗址出土玉凤

图 7　天门石家河新出土带座牙玉佩

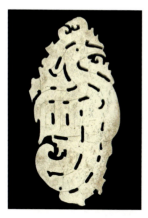

图8　湖南澧县孙家岗出土玉凤

墓葬中发现了凤形透雕玉饰（图8），在湖北天门石家河罗家柏岭发现了团凤玉饰（图6），还有石家河新近发现有对鸟（双凤）玉佩（图7），表明石家河文化居民对凤怀有特别的情感认同，他们应是神凤最初的缔造者。最初的凤形，应当诞生于石家河文化，之后凤崇拜成为一种规范的信仰方式，很快汇入史前造神运动的潮流中。

石家河罗家柏岭玉凤形体稍小，团身直径4.7厘米，圆眼，冠羽后卷，长尾两歧。比较造型，妇好玉凤与罗家柏岭玉凤虽有一伸一屈的区别，凤首凤身和凤尾的造型却是完全相同的。比对制作方法，两凤的工艺也一样，纹饰都采用减地阳刻，这与妇好墓同出的其他玉器明显不同，多数玉器纹饰采用两阴夹一阳的工艺，不用减地技法。石家河新出土的展翅玉鸟和对鸟玉佩，也都采用这种减地阳刻工艺，表现了高超的制玉水平（图9、10）。

通过对比也不难看出，妇好墓所出玉器中还有一些可能是石家河原玉的改制品，有的环璜类饰品琢有成排的立鸟形扉牙，明显属于石家河文化风格。石家河文化不仅有玉团凤，也发现有玉团龙，类似玉团龙在妇好墓也有出土，两者造型及细部特征非常接近，形体也都很小，妇好的玉团龙很可能也来自石家河文化（图11、12）。

在东北红山文化和东南崧泽文化中都发现有团龙（C形龙），只有在石家河文化中团龙与团凤共存，也许石家河文化最先将龙凤崇拜合并，这也为后来同地生长的楚文化奇诡的信仰涂上了浓厚的底色。

石家河文化及后石家河文化的玉器制作工艺水准，在史前已经达到巅峰。采用巅峰技术制作出的精致玉凤，让玉凤一诞生便显出高贵优雅，这是石家河人非常重要的文化贡献。

石家河人的玉作除了精致，还有小巧、奇峭、灵动、别致等诸多特点。构形具象与抽象共存，彰显象征内涵。玉凤，同玉龙、玉虎、玉蝉一样，都是在神话背景下催生出的艺术品，它们都应当具有特别的含义。

依照后世的概念判断，凤为百鸟之王，为阳之精，五行属火。石家河新发现的凤鸟纹圆形玉佩，用阳刻工艺刻画出一只展翅的凤鸟，应当寓意负着太阳飞翔的阳鸟，可以看作是石家河人奉行太阳崇拜和阳鸟崇拜的实证。

石家河人不仅制作出了单体和双体的凤鸟玉佩，还制作出了非常诡谲的凤鸟形冠玉神面，玉神面常常雕刻成两面神，正背是表情不同的神像（图 13、14）。有人认为这可能是太阳神，或与太阳崇拜相关联。

阳鸟与神祖

《说文》说凤为"神鸟也"，这是汉代以前的传说。《说文》引天老之言说："凤之象也，鸿前麐后，蛇颈鱼尾，鹳颡鸳思，龙文龟背，燕颔鸡喙，五色备举。出于东方君子之国，翱翔四海之外，过昆仑，饮砥柱，濯羽弱水，莫宿风穴。见则天下大安宁。"具有多种动物特征的凤，它一出现便天下安宁，为吉祥神鸟。

凤被认作鸟中之王，应是由多类鸟崇拜并成的集合崇拜，就像多类动物崇拜合成的龙崇拜一样。鸟崇拜的出现，是族群认同与太阳崇拜的结果。

成都金沙遗址出土的太阳神鸟金箔的外围环飞着四只鸟（图15），让一些学者想到《山海经·大荒东经》中"帝俊生中容……使四鸟"的传说。金箔表现的是太阳飞速旋转，四只神鸟托负着太阳在天上经过。金箔形象地展示了"金乌负日"的古老神话传说。这乌与鸟，便是阳鸟。

太阳在天上由东向西运动。但先人不知动力何在，在他们的认知里，只有鸟才有本领在空中翱翔。人们这样想象，一定是会飞翔的鸟带着太阳越过天空，那太阳一定有神鸟襄助，襄助太阳的神鸟就是阳鸟。

著名的长沙马王堆汉墓出土的帛画，日中有乌，月中有蟾。汉画上的许多日月图像上，可以找到金乌玉蟾的影子（图16）。清代藏族唐卡《太阳图》中站立着一只公鸡。藏族神话说太阳由七匹骏马拉的大车载入天空，太阳中有一只金鸡，所以在藏语语汇中称太阳为七骏主、金鸡，金鸡便是太阳鸟。

原始的太阳崇拜和阳鸟崇拜，在新石器时代就已产生。在史前人留下的太阳图像中，阳鸟是一个惯常表现的主题。浙江余姚河姆渡遗址发现刻画有双鸟朝阳的象牙（图17），良渚文化一些玉器上刻有威严的神灵和飞翔的阳鸟图像。

黄河下游和淮河下游是大汶口文化和龙山文化分布区，是传说时代阳夷、于夷、太昊族、少昊族等东夷集团活动的区域。少昊又名少皞，名挚，是传说中的帝王。"挚"便是"鸷"，就是鸷鸟。这个部族是由许多鸟氏族组成的联盟，少昊是东夷部族的首领。少昊

图 9　天门石家河新出土展翅玉凤佩

图 10　天门石家河新出土对鸟玉佩

图 11　妇好墓出土带扉牙玉器

图 12　妇好墓出土带扉牙玉器

图 13　石家河遗址出土凤鸟形冠玉神面

图 14　美国国家博物馆藏石家河文化玉兽面神

图 15　金沙遗址出土太阳神鸟金箔

图 16　汉画中的金乌

图 17　余姚河姆渡遗址出土刻画双鸟
　　　　朝阳的象牙

图 18　华县泉护村遗址鸟纹彩陶

图 19　三门峡虢国墓地出土西周对鸟佩饰

部族内有 20 多个以鸟为名的部落，如凤鸟氏、玄鸟氏、伯赵氏、青鸟氏、丹鸟氏、祝鸠氏、鸤鸠氏、鹘鸠氏、爽鸠氏等等，其中有 8 个凤族。凤族在少昊集团中地位最为尊贵，掌管天文历法，指导部落农桑。

黄河中游的仰韶文化展现了一个繁荣的彩陶时代，在红红的陶器上绘制优美的图案。陶工们将当时的信仰清晰地描绘在陶器上，陶器纹饰中有圆圆的太阳和生动的阳鸟图像。陕西华县泉护村等遗址，出土了不少阳鸟图案彩陶（图 18）。陶盆上绘制的鸟，有的展翅飞翔，有的亭亭玉立，它们的背部有圆圆的太阳图形。背负着太阳的阳鸟，一定是仰韶人丰收的希望。

传说中的帝喾是个了不得的人物，他以日神自居。帝喾的元妃姜原生了弃（即后稷），弃是周族的始祖。次妃简狄生了契，契是商族的祖先。次妃庆都生了尧，尧是历史上有名的五帝之一。次妃常仪生了挚，挚继承了喾的帝位，九年后禅让给帝尧。这几个儿子分居各地，形成诸多部族，每个部族都有鸟崇拜的影子。

殷人始祖神话说："天命玄鸟，降而生商。"司马迁将这则神话写进了《史记·殷本纪》，说是帝喾的次妃简狄在野外沐浴时，见有玄鸟遗落的一只卵，取来吃后，怀孕生下了契。玄鸟或说燕子，也是太阳鸟。玄鸟因此被看成是殷人的祖先，殷人自以为就是太阳的子孙。殷墟出土的青铜器上常见鸟纹，图案化的立鸟透出一种少见的纤纤之美。还见到一些鸟形玉佩，琢磨得十分精细，造型各异，亭亭玉立，透出一种高贵之气，表达了殷人对阳鸟所怀有的特别情感。

周也是一个崇鸟的部族，周武王伐纣时有"凤鸣岐山"的传说。

　　　　　　　　　　　　　　　　　　　　　动物有灵

这是周族兴盛的先兆，也是胜利在望的号角，所以武王兴周灭商，推翻了商王的统治。岐山因境内东北部的箭括岭双峰对峙，山有两歧而得名。《国语·周语》说：周族兴起，有凤凰鸣于岐山。周人崇凤，视之为神鸟。出土的西周时代的一些鸟纹玉器，一般制作得都比较精细（图19）。周代青铜器上也常见凤鸟纹和拟日纹，日纹似烈焰升腾。这些都表达了周人对太阳与阳鸟的崇敬，其中也有对凤鸟的崇敬。

当始祖神话与太阳崇拜融合在一起，当众鸟崇拜集合为凤崇拜，光明与美好都由之呈现出来，这就是先民的世代愿景。

凤凰于飞

远古的阳鸟崇拜，在华夏统一之后，逐渐升华为一统的凤凰崇拜。

我们知道，嬴姓的秦族崛起于西部，秦族同商族一样，也以玄鸟即凤凰为始祖神。《史记·秦本纪》记述了这样的传说：秦人始祖女修，是颛顼帝的后裔，她织布时有玄鸟遗卵，吞下怀孕，生下大业。大业娶少典氏之女，生大费，帝舜赐之姓嬴氏，号伯益。这个玄鸟，有人认为就是凤鸟。

秦人于凤，确实怀有一种特别的情感。刘向《列仙传》记有一则秦人的传说，叫作吹箫引凤。传说秦缪公时有个名叫萧史的人，善于吹箫。缪公的女儿弄玉也爱吹箫，于是就嫁给了萧史。萧史每日教弄玉吹箫，后来弄玉的箫声竟如凤鸣一般，引来凤凰久久不去。

图 20　河南邓县出土南朝画像砖母子凤凰图

图 21　湖北云梦睡虎地出土秦代彩绘漆盂

图 22　广州南越王墓出土龙凤纹玉佩

　　　　　　　　　　　　　　　　　　动物有灵

秦人非常喜爱凤凰，作为千古一帝的秦始皇大约对凤凰也特别喜欢。秦始皇统一称帝，为自己起了一个有别于以往任何君主的名号，他把"皇"放在"帝"前，自称"始皇帝"。皇帝可以简称"秦皇""秦始皇"，宁可省略掉"帝"字，也要保留"皇"字，《说文》说"皇"即是"大"，"大"即是"天"，"始皇者，三皇，大君也"。《尚书大传》说：燧人为燧皇，伏羲为羲皇，神农为农皇，是了不得的三皇。这皇还是凤凰的皇，如《尚书·益稷》所云："箫韶九成，凤皇来仪。"在《诗经》中也将凤凰写作凤皇，如《诗·大雅·卷阿》中有"凤皇于飞，翙翙其羽""凤皇鸣矣，于彼高冈"。

四川发现的汉画像砖，砖上有长尾凤鸟，凤前有"凤皇"二字。河南邓县出土的南朝画像砖上也见有母子凤凰图，图上也题有"凤皇"二字（图20）。将"凤凰"写作"凤皇"，在秦汉时代应当是常事。

在秦代的瓦当、漆器、铜镜上，凤纹是惯常的主题。秦瓦当中的母子凤纹饰和双凤朝阳纹饰，构图古拙而富于情趣。湖北云梦睡虎地出土的秦代漆器中也有多种凤鸟图案，其中既有线条流畅、装饰性很强的云凤纹，也有神采飞扬、富于写实性的凤鸟纹（图21）。秦人如此爱凤，开启了平民崇凤的风潮。

到了汉代以后，龙代表皇帝，凤代表皇后。虽然皇帝的皇字依然在使用，但凤凰的女性化趋向却是越来越明确了。后来凤凰便成了女性的代称，一个好女子，就是美丽的凤凰。凤凰头顶美丽羽冠，身披五彩翎毛，是综合了许多鸟兽特点想象出来的形象，标志着吉祥、太平和政治清明（图22）。

龙飞凤舞，龙凤呈祥，凤鸟崇拜已经融入华夏民族的血脉中。

四神之凤

方位观念是文明的重要表征之一，方位体系的形成是文明成熟的一个标志。现在我们说起东南西北四方，说它与文明相关可能很多人都不相信。四方是多简单的常识呀。是，确实不深奥，不过方位观念的形成，还有与它一起出现的一些文化现象，并不那么简单。

由甲骨文的发现看，四方与四方凤观念的形成，不会晚于商代。辨别四方，是个天文学的概念。古代是通过星宿的位置确定准确方位的，并不是简单地观察日出日落而已。这个问题我们暂且不谈，需要关注的是古代将四方配以象征性的神化动物形象，甚至绘出它们相聚在一起的图形，这个文化现象与神凤有关。

我们稍涉猎，便可了解四方四神，即所谓"前朱雀后玄武，左青龙右白虎"。这一套象征体系可以追溯到汉代或汉以前不久，但这并非最早也不是唯一的四神体系。我们在汉代的瓦当、玉器、铜镜上，很容易见到四神装饰，四神在那时已经是一种普遍信仰。

四神，也作四象、四灵，一般而言指龙、虎、鸟和龟四神。后来道教引入四神观念，四神体系小有变更，普遍比较认同的是苍龙、白虎、朱雀和玄武体系。

不久前，陕西澄城县王庄镇柳泉九沟村一座西周墓出土玉印 1 枚，印形如器盖，龙钮，椭圆形印面上四个印文分列在十字格中，依次为龙、鸟、虎、鹿（图 23）。这是一枚四神玉印，应当属于肖形一类，印文并不能认定就是文字，可称为"四神肖形玉印"。与后来四神体系不同的是，印文本为玄武的位置，却出现了鹿。虽然并

动物有灵

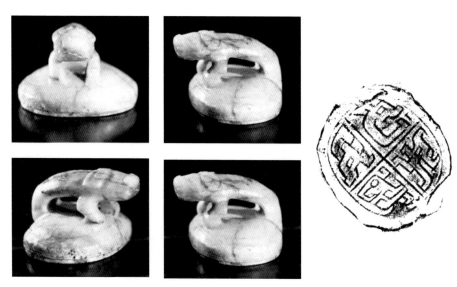
图23　陕西澄城县王庄镇柳泉九沟村西周墓出土四神玉印

不能完全肯定为鹿，但明显不是龟。

　　这个发现让人想起殷墟妇好墓出土的一件称为器盖的龙钮玉器，它的底面也以十字格简画出龙、虎、鸟和另一动物之形，这一不确定的动物更像是鹿（图24）。可以确认这样的四神体系在商代就已经出现了。过去在河南三门峡西周墓中发现过龙、鸟、虎、鹿铜镜（图25），说明商周两代的四神体系是相同的，这是早期的四神体系。到了后来，玄武才取代鹿进入四神体系中。

　　四神中的朱雀，作为神鸟，它也有称为凤凰的时候。新近发现的海昏侯墓，随葬有一面偌大的铜方镜，附有漆文"衣镜铭"。镜铭提到的四神为"右白虎兮左苍龙，下玄鹤兮上凤凰"（图26）。将通常说的朱雀直接写成了凤凰。而且玄武变成了玄鹤，这个变化过去

凤舞千年

图 24　殷墟妇好墓出土四神玉印

图 26　海昏侯衣镜铭中的四神漆书

动物有灵

图 27　海昏侯墓出土很多附有鸟图形的文物

我们并不了解。

　　我们还知道，海昏侯墓出土很多附有鸟图形的文物，这些鸟多作凤形，如玉带钩和铜当卢上都见有四神图形（图 27），其中的朱雀均作优美的凤鸟之形，所以衣镜铭中直接将朱雀写成凤凰，也是很自然的事。

　　说四神中有凤，朱雀就是神凤之体，汉代有人作如是观。依《说文》所说，雀为"依人小鸟也"，将这小鸟列入四神，可能有人心有不平，故以凤取而代之，或者解释说这朱雀就是凤凰。

　　沈括在《梦溪笔谈》卷七中，也表达了类似疑惑：

四方取象，苍龙、白虎、朱雀、龟蛇。唯朱雀莫知何物，但谓鸟而朱者，羽族赤而翔上，集必附木，此火之象也。或谓之长离……或云鸟即凤也。

不理解也得理解，这四神中的朱鸟，它就是凤。它还有一个别名，特别的别名，叫长离。《后汉书·张衡传》引《思玄赋》曰：

前长离使拂羽兮，委水衡乎玄冥。

李贤注曰：

长离，即凤也。

司马相如《大人赋》有"前长离而后矞皇"，服虔注曰"皆神名也"，师古曰"长离，灵鸟也"。长离在《汉书·礼乐志》中写作"长丽"，让人想起长丽也许就是长鹂，也即是黄鹂。其实"离"在古时也确为鸟名，即鸧鹒，也即是黄莺、黄鹂鸟也。

让人不解的是，通行的四神系统为何不直接将朱凤纳入其中，而只是取了个"相当于凤"的鸟儿担当大任，其中的道理还有待深究。

本文原名"中国凤舞四千年"，发表于《人民日报》2017年1月26日24版。

动物有灵

龙飞凤舞

凤诞石家河。自从石家河人将凤鸟形象创造出来，凤鸟在中华文化中飞翔了 4000 年的时光。经历代艺术家的提炼，凤鸟艺术有许多提升，凤体造型发生了诸多变化。最大的变化是凤与龙的结合，因此出现了更加富于变化的艺术表现形式，龙凤文化的内涵也更为丰富起来。

凤与龙，起初是相互独立的，彼此之间没有什么联系。如石家河文化有玉龙、玉凤，但都是单独成器，没有龙凤同时出现在一起的构图（图 1）。

商代开始出现"龙凤配"形制的玉器，有凤鸟龙形冠式，也有龙凤并行式。这两类玉器都见于妇好墓（图 2）。在一立鸟的头顶，琢一小龙形，可以理解为戴龙冠的凤鸟。另一玉饰表现为鸟背上有一条大龙，似同立云端之上，龙凤之间有种突如其来的亲密感。

到了西周时期，玉龙、玉凤仍然常见，有类同于商代的凤首龙冠形，也有龙体凤冠形，龙凤角色可以互换，龙可以为凤冠，凤可以为龙冠。

山西曲沃晋侯墓 M63 出土圆雕玉龙凤 1 件（图 3），立鸟头顶倒立一条小龙。这件玉器被认为是商代器，与妇好墓所见意境相通。

西周龙凤形玉器上见到的更多的是片雕线刻，如三门峡虢国墓

图 1　石家河文化玉龙玉凤

图 2　妇好墓出土"龙凤配"玉器

图 3　曲沃晋侯墓
M63 出土玉龙凤

图 4　三门峡虢国墓
出土上凤下龙玉柄形器

图 5 　长安张家坡西周墓出土玉龙玉凤

图 6 　曲沃晋侯墓地 M31 出土
　　　龙凤纹玉圭形饰

图 7 　上海博物馆藏西周玉龙凤

出土的玉柄形器（图4），上有立凤，立在下面的龙体上。凤体较大，不似商代所见，也不是冠饰。

又如陕西长安张家坡西周墓出土2件独体团龙玉饰和2件龙凤玉饰（图5）。龙凤玉饰为片雕线刻，表现为凤立龙体上，彼此关系并不清晰。但凤并不是龙体之冠，这是可以肯定的。

这一类片雕线刻玉饰在西周比较流行，对于它的名称、用途、含义，现在并没有一致的说法。山西曲沃晋侯墓地M31晋献侯夫人墓出土同类龙凤纹玉器（图6），称为圭形饰，也表现为凤鸟立于龙体之上，凤鸟始终占着上风。

上海博物馆藏西周片雕玉龙凤（图7），一只凤鸟立于仰卧的龙体之上，似乎表现的是龙凤之争，凤鸟占了上风。实际上应当是游龙戏凤，并不一定是争斗。

台北故宫博物院也收藏有几件刻有类似图案的玉器（图9），一般都是凤立龙体之上。傲气的凤鸟，在西周时代，一直在龙体上站立了数百年。

凤立龙体之上，这样的艺术题材在西周时期一定有某种象征意义。且不论意义何在，这里只需认同龙凤之间有着紧密联系便可以了。如果说商代时龙凤已经存在联系，但那还只是"互为表里"，西周时龙凤才有了真正的亲密接触，这个变化的背景很值得关注并探讨。而且还是凤鸟占上风，在周人心里，凤是高于龙的吧。

更重要的是，西周出现了龙凤同体玉器，龙凤共一身躯，一端为龙首，另一端为凤首，一般称之为龙首凤尾。这种龙首凤尾形构图，尚不明含义如何，但龙凤合体透露出的龙凤间的亲近感是可以察觉到的。龙凤融为一体是周人的一种奇想，其背后应当还有深层

动物有灵

的含义。从互为表里，到亲密无间，再到合二为一，这样的变化动因很值得研究。例如陕西长安张家坡 M157 出土龙凤同体玉饰（图 10），片雕阴刻，作 S 形构图，一端为龙首，另一端为凤首。山西曲沃晋侯墓 M102 项饰玉组佩（图 11），六件 S 形玉饰中，三件龙凤同体，三件双首龙形。龙凤同体，龙凤共一身躯，作龙首凤尾形。

到春秋时期，龙首凤尾形的构图还在流行，大体承袭了西周风格，除了玉器上可以看到外，在铜器和漆器上也能看到。当然也有一些新变化，有时变化非常明显。

龙首凤尾的构形，在这一时期流行的广度可能超过西周时。如湖北当阳曹家岗春秋楚墓的漆棺一侧，在一个图案单元中绘龙首凤尾两组（图 12），呈正倒方式排列。龙首向上，凤尾向下。河南辉县琉璃阁春秋中期墓 M60 出土的佩玉（图 13），图案为两两呈十字形交叉的龙首凤尾，这是很少见的构图。

图 8　河南辉县琉璃阁 M60 出土佩玉

更奇特的是一种 S 形玉佩，也是龙凤同体，龙首凤尾。如山西太原赵卿墓所见两件玉佩（图 13），尖状龙尾如凤喙，圆眼刻画很明确。

除了这种 S 形造型外，还有玉璜类，同样制成龙首凤尾形。河南光山黄季佗父墓出土玉璜（图 14），既有双龙首形，也有龙首凤首同体形。

战国时期的龙凤艺术品发现很多，有的承袭了春秋时期的风格，

图 9　台北故宫藏西周龙凤玉佩

图 10　陕西长安张家坡　　　　图 11　山西曲沃晋侯墓 M102 项饰玉组佩
　　　M157 出土同体玉龙凤

图 12　湖北当阳曹家岗春秋楚墓的漆棺画

图 13　山西太原赵卿墓出土玉龙凤

图 14　河南光山黄季佗父墓出土
　　　双龙首和龙凤首玉璜

图 15　湖北枣阳九连墩出土双凤龙形玉佩饰

图 16　湖南长沙八一小学 M1 龙首凤尾 S 形玉佩

图 17　江苏无锡鸿山越国贵族墓
　　　龙凤同体 S 形玉佩

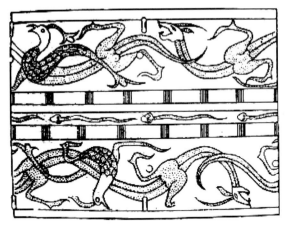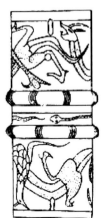

图 18　河南辉县战国金银错车具龙凤交体纹

有的展现了一些新的造型。龙凤继续保持亲密接触，不过见到的双体龙凤玉佩，玉件更加精致华丽。如湖北枣阳九连墩楚墓出土双凤龙形玉佩饰（图 15），双体凤立于双体龙上，感觉十分亲近。

又见湖南长沙八一小学 M1 出土的龙凤玉佩（图 16），长条 S 形，同体龙首凤尾。这是春秋时见到的创意，龙凤同体是龙凤最具亲密感的艺术呈现。

还有江苏无锡鸿山越国贵族墓见到的龙凤同体 S 形玉佩（图 17），时代属战国早期，极有可能原本就是春秋时期传下来的藏品。

龙凤之动态，有时在玉器上表现得并不充分，在铜器上的一些装饰纹样上有更生动的体现。如河南辉县出土的金银错车具上见到的龙凤交体纹（图 18），龙凤身躯都呈 S 形，彼此交叠在一起，作向前奔跑状，显得生机勃勃。

有时 S 形龙首凤尾玉佩也会制成龙身凤首模样。如河南洛阳金

　　　　　　　　　　　　　　　　　　　　动物有灵

村出土的龙身凤首玉佩（图19），取用龙首凤尾玉佩的既有造型，但舍弃了龙首，是别出心裁的创意。金村还出土一件龙身玉凤佩（图20），作一大凤与二小龙嬉戏状，凤嘴衔一龙，脚踏一龙，各得其乐。

山西侯马虒祁M2129出土的龙凤合体S形玉佩（图21），呈龙首凤尾样式。墓葬属战国早期，玉佩是春秋风格，仍然可能是前期的制作。

山西侯马还出土一种双凤合璧玉佩（图22），双凤拱立玉璧，这也是战国时新出现的造型。有时也见到双龙拱璧玉佩。像侯马这件玉佩的并不多见。

陕西秦都咸阳城遗址出土龙凤合体S形玉佩（图23），呈龙首凤尾式。龙体较宽壮，感觉也是春秋风格，战国时制作的可能性也有。

山东曲阜鲁国故城M58出土龙首凤尾S形玉佩（图24），墓葬属战国时期，玉佩却是春秋风格。

山东曲阜鲁国故城M58还出土一件双凤合璧玉佩饰（图25），双凤相背拱璧，与侯马见到的双凤拱璧玉佩相似，也是少见的发现。

春秋时期独体的龙首凤尾S形玉饰，到战国时期出现了组合式，若干S形拼合在一起，显出另一种热烈的氛围来。安徽合肥出土的龙首凤尾合体S形玉佩饰（图26），6条S形交叠拼合，组成略呈方形的透雕玉佩，这样的样式前所未见，精彩至极。

有意思的是，在战国时期，龙首凤尾S形玉佩又有了新变化，龙首消失，两端都是凤首。河北易县燕下都就见到这样的双凤首玉佩（图27），呈花式大S形，两端均为凤首，凤首大小同等。当然

图 19　河南洛阳金村出土 S 形玉凤佩

图 20　河南洛阳金村出土龙身玉凤佩

图 21　山西侯马虒祁 M2129 龙凤合体 S 形玉佩

图 22　山西侯马出土双凤合璧玉佩

图 23　陕西秦都咸阳城遗址出土
龙凤合体 S 形玉佩

图 24　山东曲阜鲁国故城 M58 出土
龙首凤尾 S 形玉佩

图 25　山东曲阜鲁国故城 M58 出土
双凤合璧玉佩饰

图 26　安徽合肥出土龙首凤尾合体
S 形玉佩

图 27　河北易县燕下都出土双凤首玉佩

图 28　河北平山中山王 M1 出土双凤合璧玉佩

图 29　河南洛阳西工区出土双龙双凤玉璧

图 30　长沙楚墓出土两幅帛画

在燕下都同样也有双龙首 S 形玉佩，龙凤分体，又是一种意味。

前面提及的战国双凤拱璧式玉佩，还见发现于河北平山中山王 M1（图 28）。双凤的 S 形凤体作回首状，列于玉璧两侧。

还值得一提的另一个发现是河南战国洛阳西工区出土的双龙双凤璧，左右双龙面对面拱璧，两龙头顶各分立一小凤。

春秋时期的龙首凤尾同体艺术创意，构图有 C 式，有 S 式，也有璜式，不拘一格。其中的含义有待进一步探索。战国时凤的角色稍有强势表现，其象征意义亦有待探索。

湖南长沙楚墓出土两幅楚国帛画（图 30），其中一幅御龙帛画，有鸟立龙体之上。神鸟与神龙之间的关系，画面上已经有所透露。帛画上鸟立龙体，可能是玉器上见到的上鸟下龙构图的注解。另一幅龙凤图，表现了龙凤一起升腾的景象，恰也是玉器上龙飞凤舞意境的再现。参照帛画的写意，有助于理解龙凤玉佩的意境。

商周两代，王者之旗为龙旗，由此似乎可以看出，龙已是王者的一个象征。《诗·周颂·载见》有：

载见辟王，曰求厥章。龙旂阳阳，和铃央央。

《鲁颂·閟宫》有：

周公之孙，庄公之子，龙旂承祀，六辔耳耳。

《商颂·玄鸟》有：

　　　　　　　　　　　　　　　　　　　　动物有灵

天命玄鸟，降而生商……武丁孙子，武王靡不胜。龙旂十乘，大糦是承。

这些都是王室祭祖之歌，祭祖时载以龙旗，龙旗是王者权力的象征。龙旗也为天子所用，《礼记·乐记》说：

龙旂九旒，天子之旌也。

天子用龙旗（旂），天子服龙衮，所以《礼记·礼器》说：

天子龙衮。

这种龙衮实物虽然没有发现，但在四川三星堆出土的大立人铜像上可以看到，立人穿的龙纹之服正是龙衮。

楚辞反复提及龙凤。如《离骚》说：

吾令凤鸟飞腾兮，继之以日夜……凤皇翼其承旂兮，高翱翔之翼翼。

又《涉江》说：

鸾鸟凤皇，日以远兮。

又《远游》说：

凤皇翼其承旂兮，遇蓐收乎西皇。

屈原笔下的龙凤各出现 24 次，凤担当神使之职，而龙则是凤的坐骑。这样一来，周代开始见到的那些凤立于龙体上的玉佩，似乎就比较好理解了，那下面的龙还真有可能就是带着凤飞腾的神灵。

对于龙首凤尾 S 形玉佩的理解，一些神话似乎可以提供很有意义的线索。《山海经·南山经》说，凡鹊山之首，自招摇之山以至箕尾之山，其神状皆鸟身而龙首。《南次二经》说，柜山至漆吴山有龙身鸟首神。《中次十二经》说，遇山至荣余山有鸟身龙首神。龙首鸟身，或是龙身鸟首，都是传说中的神灵。

其实在清人吴大澂的《古玉图考》中收录的龙纹佩中（图 31），

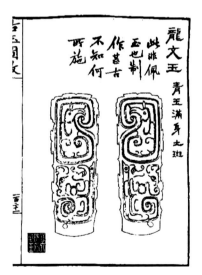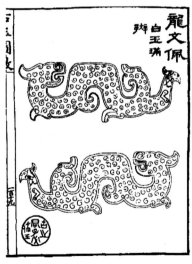

图 31　吴大澂《古玉图考》收录的龙凤玉佩

　　　　　　　　　　　　　　　　动物有灵

图 32　广州南越王墓出土一龙二凤璧

图 33　山东曲阜九龙山汉墓出土
龙首凤尾 S 形玉佩

图 34　河北定县 M40 出土双凤玉璧

图 35　北京大葆台 M1 出土龙凤同心佩

图 36　台北故宫博物院藏双龙双凤玉佩

图 37　江苏省扬州市邗江甘泉"妾莫书"
西汉墓出土璜式一凤双龙玉佩

也见有西周片雕龙凤玉饰和东周龙首凤尾玉佩，只是都未作解释。

龙凤作为玉饰的题材，理当是贵族们的专享。以玉为龙为凤，也只能看作贵族们的信仰。以龙凤为佩饰，从东周时代起，当与君子修德有关，君子比德于玉。龙凤虽为神物，也可以用于比附人，那时的高尚之人甚至圣贤者可以享有比龙比凤的评价，如老子，如孔子。

据《史记·孔子世家》，孔子赴洛邑拜见老子，返回后三天不语，弟子们问见老子时他说了些什么，孔子感叹道：我竟然见到了龙！

一次老子见孔子带着五位弟子在前面走，问前边都是谁？孔子回答说：子路有勇力，子贡有智谋，曾子孝父母，颜回重仁义，子张有武功。老子听后感叹道：我听说南方有鸟，其名为凤，"凤鸟之文，戴圣婴仁，右智左贤"。

孔子称老子为龙，老子称孔子为凤，在那个时代，龙凤并不是顶层贵族专享的象征符号。

龙凤拱璧的艺术意境，在汉代得到承袭，也有一些新的变通。战国时期的龙凤多出现在玉璧外沿，汉代则璧内外都有龙凤身影，构图更为活泼灵动。如广州南越王墓出土一龙一凤玉佩、三凤玉璧、一龙二凤玉璧、双凤玉璧，构图多样。有一件一龙二凤璧（图32），外有二凤拱璧，璧心一龙昂首挺胸，气势不凡。

山东曲阜九龙山汉墓出土的 S 形玉佩（图33），龙首凤尾，为战国或春秋风格，不会是汉代制作的。

河北定县 M40 出土的双凤玉璧（图34），作双凤拱璧形，凤张嘴似在鸣叫。

北京大葆台 M1 出土的龙凤同心佩（图 35），整体作璧形，中心为韘形，左右透雕龙凤对舞，制作精致。

台北故宫博物院藏双龙双凤玉佩（图 36），一对团龙上各立一小凤，原定为汉代制品，其实具有战国风格。

江苏省扬州市邗江甘泉"妾莫书"出土的璜式玉佩（图 37），双龙同体璜上立一凤，这样的造型是汉代首创。有时也见有双龙双凤，制作工艺都比较细腻。

汉代艺术中的龙凤造型，继承了战国时代的传统，龙与凤亲密无间，如影随形。时而大龙大凤，时而大龙小凤，可以是一龙双凤，也可以是双龙双凤。基本不见龙头凤尾，凤的角色与龙没有明显分别。

说到龙凤在汉代扮演的角色，其实还应当说说四神。前面说到四神中的朱雀也有凤之名，不过汉代人极少称它作凤。当然，四神里的龙凤，两者间的联系并非我们上面提到的这样，或者说是明显不一样的。四神之外的龙与凤，有着不一样的象征，没有了方神的职掌，却与凡界有了更多的关联。

结束本文时，想起这样一个问题：若是没有龙凤，中国文化里会缺少多少滋味呀。

中国文化里，真不能缺了龙与凤。

本文原名"追寻龙凤呈祥"，发表于《人民政协报》2017 年 4 月 13 日 12 版。

对鸟解题

　　黄金有价玉无价。近些年的考古与文物研究，乃至古物收藏，掀起了一浪高过一浪的崇尚古玉文化的热潮。玉石之物，原本不过是一种自然天成的矿物，可是在经过了近万年中国人的崇拜之后，经过了中国文化的反复打磨雕琢之后，它被赋予了象征品质，它所承载的文化信息非常厚重深邃，也十分神秘莫测。

　　正是因为时光久远，当一件件古玉作品呈现在我们面前时，历史将它们的本来面目遮掩了起来，让人百思不得其解它们背后的寓意。我们在这里要研究的两件古玉，就是这样的情况。此前研究者按已有认识毫不犹豫地认定了它的形状所表现的主题，可因为另外一些重要考古发现，我们突然觉得约定俗成的认识其实是一个再明显不过的错误。这样的错误提示我们，有些时候恐怕未必眼见为实。现在就让我们从对这块古玉的解读入手，通过更多的古物图像，考察古代的一个艺术主题。这是一个具有深远影响的艺术主题，我称为"对鸟"主题。

图 1　山西襄汾陶寺遗址出土史前玉牌饰

　　图 1 是两件小玉牌饰，2002 年出土于山西襄汾陶寺遗址 22 号墓葬。在陶寺，多年前曾经发掘大批史前墓葬，

　　　　　　　　　　　　　　　动物有灵

M22 是新发现的一座很重要的墓葬，虽然曾被盗掘，仍然出土了包括玉器在内的大量随葬品。玉器中比较重要的就是我们要研究的两件小玉牌饰。两件玉牌饰大小及形状相同，器体很小，可以握在掌中，高 3.5 厘米，宽 6.4 厘米，厚不超过 0.3 厘米。由于玉饰造型乍一看像是动物的头面，有大大的双目和外侈的双耳，所以有人认为它是虎面，也有人说它像牛首，发掘者和不少研究者都称之为兽面玉饰，或者径直说它就是塑造的一个神面，推测它表现的可能是传说时代的蚩尤之像。

若果真是蚩尤之像，那这个发现可就太重要了。传说蚩尤本为炎帝臣属，炎帝被黄帝打败以后，蚩尤率八十一兄弟与黄帝争天下，最后在涿鹿激战。这一战杀得天昏地暗，结果蚩尤被有天兵助阵的黄帝斩杀。后来黄帝尊蚩尤为"兵主"，把蚩尤的形象画在军旗上，以此励兵作战，诸侯一见蚩尤像，就被唬得不战而降。看那陶寺出土的玉牌饰，虽是个很小的物件，但上面真有些狰狞的气势，难怪有人说它是蚩尤像了。

由于这类玉牌饰先前在江汉地区的石家河文化遗址有过几次发现，而且造型比较一致，大小也差不多，所以一些研究者认定陶寺玉牌饰是来自南方的作品，原本属于石家河文化。在石家河文化中，湖北天门肖家屋脊和钟祥六合遗址都出土过相似的玉牌饰，两件玉牌饰均出自瓮棺，形制基本相同，也极像一个兽面形象，与陶寺所出相近，但不及陶寺的精致。这些玉牌饰的年代都应当在距今 4 000 年前，是史前末期的代表性玉器（图 2）。

发现陶寺玉牌饰后，研究者将观察的目光转向江汉平原一带，两地的发现有太多的相似性，让人不得不将它们联系对比一番。当然事情不仅仅如此简单。正是在江汉地区的另一次重要的考古发掘，让我们对陶寺玉牌饰的解释产生了怀疑，这个发现不仅是动摇，甚至可以说是完全颠覆了原有的认识，它足以证实，包括陶寺发现在内的那些玉牌饰根本就不是什么兽面或神面，发掘者和研究者没有想到被自己的眼睛欺骗了。

我们所指的这次重要的考古发掘，也是在2002年完成的，与陶寺22号墓的发掘时间巧合。那是在湖北枣阳吴店镇的九连墩，2002年只发掘了1、2号墓及随葬的车马坑。此次发掘出土的文物非常丰富，保存也很好，其中包括许多精美的装饰玉器，也有不少造型优雅的牌饰。精美玉器的出土，让人们对楚玉的精致有了深入的了解。

九连墩2号墓中出土的一件玉牌饰引起了我们的注意。这是两只相向而立的对鸟，让人诧异的是，对鸟侈出的冠尖、起翘的尾羽和弯弓的脚趾构成的外轮廓，竟然与陶寺玉牌饰相同。它高2.8厘米，宽5厘米，厚0.55厘米，较陶寺玉牌饰只约略小一点（图3）。

我们为了进行比较，将两件玉牌饰的图像叠合在一起，外面主体部分竟然完全吻合，这让我们不得不相信，它们表现了相同的主题——"对鸟"主题（图4）。九连墩玉牌饰细部雕刻非常明确，对鸟的造型也毫无疑问。两地玉牌饰的区别只在于九连墩玉牌饰的双鸟雕刻得更细致，而陶寺玉牌饰只是外轮廓雕刻为对鸟，细部并没有明确刻画，甚至鸟头都没有明确表现出来。陶寺玉牌饰原来被认作兽面双角的部分，竟是双鸟的尾羽；而那兽面的所谓双眼，只不过是双鸟弯曲的腿与身子间构成的空隙而已！（图5、6）有了九连墩玉牌饰的对鸟造型作比对，陶寺玉牌饰的兽面形象很快崩塌，原来我们都犯了一个错误，错将鸟儿认作兽了。

　　　　　　　　　　　　　　　　　　　　　动物有灵

九连墩 2 号墓中的这件玉牌饰，显然并不直接来自史前时代，并不是石家河人的作品。因为和这件玉牌饰一起出土的其他大量玉饰，其造型、工艺和玉料的质色是完全相同的，无疑都是战国时代的作品。其中 1 号墓出土的一件双凤龙座牌饰，在双体龙上对立而蹲的双鸟，其造型与 2 号墓玉牌饰相同，大小相若，玉质也是乳白色，表明它们为同时代的作品（《龙飞凤舞》图 15）。

　　这样看来，陶寺玉牌饰刻画的并不是威风凛凛的蚩尤战神，而是一对可爱的合体玉鸟！

　　那么我们要问，同样的艺术主题是否表明两者之间存在着联系呢？是的，两者一定存在着艺术传承关系。战国的玉佩一定传承自史前时代，中间经历了近 2 000 年的时光，原有的艺术精髓仍然保留着，我们今天看到了源远流长的艺术传统。

　　陶寺玉牌饰刻画的是双鸟而非兽面这样一个全新的结论，让我们起了考察古代"对鸟"艺术的冲动。初步考索结果表明，"对鸟"这样一种艺术主题和艺术构图，应当出现在陶寺文化之前，陶寺文化后经过三代汉唐的传承，其艺术表现方式与内在的文化因子影响了古代人的艺术生活，也影响了现代人的艺术生活。

　　在距今 7 000 年前的河姆渡文化中，在陶器、象牙和木构件上已经见到了标准的对鸟构图（《凤舞千年》图 17）。有时在双鸟之间还绘有放光的太阳图像，表明鸟形与太阳崇拜有关，也许它就是神话中的阳鸟。在中原地区的彩陶上也能见到阳鸟图像，不过一般并不以对鸟的构图出现。

　　在龙山文化的一些神面玉雕件上，也发现一些与陶寺玉鸟相似的冠形图像，这似乎可以推测，对鸟艺术构图可以出现在当时头面

图 2　湖北天门肖家屋脊（左）和钟祥六合（右）出土石家河文化玉牌饰

图 3　湖北枣阳九连墩出土战国玉牌饰　　　　图 4　重叠比较的两块玉牌饰

图 5　半体重叠比较的两块玉牌饰　　　　图 6　鸟形重叠比较的两块玉牌饰

人物的冠饰上。如山东日照两城镇发现的玉圭，它的正背面都刻有
精致的神面像，神面戴高冠，冠顶突起呈尖状，左右歧出的冠沿向
上卷起，外形轮廓恰似陶寺所见的对鸟形象。

　　不仅史前文化中发现了这样一些对鸟高冠神兽玉件，在三代遗
址中也发现有类似玉件。商周遗址出土的同类玉器往往被归入新石
器时代，许多研究者认为它们是三代之前的制品，其实倒也未必。
另外博物馆也收藏有一些典型的玉兽面与人面的传世品，也有的被
当作新石器时代的制品，有的被划定在商周时期。这样的兽面都装
饰有一个对鸟形的冠，可能具有相同的寓意。

　　在这样的玉兽面中，最值得关注的是 2006 年在山西曲沃羊舌村
晋侯 1 号墓出土的一件。玉兽面呈扁平形，正面阳刻狰狞兽面，上
下均有一对獠牙龇出。兽面头顶另外雕有高冠，冠顶左右出翘，冠
式与陶寺和石家河文化所见玉牌饰非常相似。虽然高冠只是一个轮
廓，并无细部雕琢，但它明显是对鸟的造型。这个发现为我们完全
解开了谜底，过去所见类似玉佩原来表现的就是一个冠式，是一个
对鸟形的冠式（图 7）。

图 7　山西曲沃横北西周墓出土玉兽面

对鸟解题

图 8　商代铜器上的对鸟纹

图 9　西周铜器上的对鸟纹

　　　　　　　　　　　　　　　　　　　动物有灵

把对鸟装饰在冠上，应当有特别的象征意义，戴冠者应当不是常人。对此我们在后面还会略加探讨。

我们还注意到，在先秦的其他艺术品中，对鸟的主题也经常被采用。商周青铜器上与饕餮纹同见的就有对鸟图像，以长尾凤鸟为主（图8、9）。也许是铸造技术的关系，铜器上相向而立的对鸟，彼此稍远，并不似玉牌饰那样头顶着头、喙接着喙。在南方地区一些战国时代的漆器上，对鸟也是常见的题材，楚国最有特色的虎座鸟架鼓和漆木座屏，就是对鸟艺术的杰作（图10、11）。

战国时期其他地区出土的一些玉器，也常常采用对鸟作为题材。如北方中山国墓中就出有对鸟玉牌饰，对鸟似作飞翔状（图12）。南方巴国墓也出土了对鸟玉牌饰，鸟作蛇体回首状，应是鸟龙复合体形象（图13）。

到了汉代，这样的对鸟玉牌饰也有发现，如江苏徐州汉墓中就见有分体的双鸟，鸟作衔蛇状，是古老楚风的再现（图14）。

在汉代画像石上，对鸟构图也频频出现。在鲁南苏北出土的汉

图10　战国楚国虎座鸟架鼓

图11　战国楚国漆座屏上的对鸟图形

图 12　河北平山中山国墓出土凤形玉佩

图 13　重庆涪陵小田溪出土双凤玉佩

图 14　河北满城刘胜墓出土凤形饰

图 16　唐代双鸟纹玉梳

图 15　唐代对鸟联珠纹织锦图案

图 17　唐代对鸟异形铜镜

图 18　北京房山出土金代双鸟衔芝玉佩

图19　鲁南苏北汉代画像石上的对鸟图像

画上，常常在建筑图形的顶面刻画对鸟图形，对鸟多为长尾鸾凤，或交颈，或长鸣，少数作展翅状（图19）。

到了唐代以后，以对称为构图范式的对鸟纹艺术品，见到的并不多，这可能有几方面的原因：一是相关发现可能确实不多，所以能进入研究者视野的材料较少。二是由于各类材料非常丰富，检索相关图像有一定难度。更重要的一点是，前代发现的相关资料多是玉、石、金属之类的硬质载体，而唐以后可能更多的是丝帛、纸张之类的软质载体，而这些又极不易保存下来。所以我们现在能举出例证的并不多，当然也还是有的，如有些藏家手里的对鸟异形铜镜，就非常生动地传承了相同的艺术主题。在唐宋织锦上也见到过对鸟图案，一般人认为它可能是西域文化影响的结果，其实也未必没有

　　　　　　　　　　　　　　　　　　　　　　动物有灵

图20　现代双鸟纹蜡染　　　　　　　图21　现代剪纸抓鸡娃娃

中原传统熏陶的因素。还见到饰对鸟纹的玉梳，只是对鸟的位置相距稍远一些（图15、16、17）。

　　唐宋以后，由于艺术造型倾向于活泼灵动，原先那种比较固定的对鸟构图明显减少，当然也并没有完全消失。金代还发现有对鸟衔芝玉牌饰，与早先所见的对鸟玉牌饰意蕴相同，只是两只鸟都呈展翅飞翔的姿态，动感较为强烈（图18）。

　　所幸的是对鸟艺术主题在民间得到了很好的传承，它甚至影响了现代民间工艺的发展。我们在南方的蜡染艺术中，还有北方的剪纸艺术中，都见有精致的对鸟构图作品。特别是北方流行的抓鸡娃娃剪纸，剪出的娃娃双手抓着鸡，头上顶着两只鸡，有时身子左右对称布满了鸡，应当是古代对鸟艺术的另一种表现。抓鸡娃娃又写

对鸟解题

作抓髻娃娃，寓意了吉祥如意（图20、21）。

由解读陶寺出土的所谓"兽面"玉牌饰出发，我们简略列举了一些考古与文物资料，现在似乎可以粗略理出这样一个脉络：对鸟艺术主题从7 000多年前出现以后，就形成了一个不断丰富的艺术传统，经过不同时代艺术家的传承与改变，对鸟艺术没有淡出历史，对各代以及当代人们的艺术生活产生了影响。

面对这样悠久的艺术传统，我们自然会生出这样的疑问：是什么动力在推动着艺术的传承？又是什么动力在维系着艺术的原则？对鸟艺术的象征意义又何在呢？

对鸟艺术如此强盛的生命力，一定是它的象征意义源源不断地供给着营养，它的象征性就是它传承的动力之所在。也许它的象征性并不是只有一种或一类，同时随着时代的改变而发生着变化，但艺术形式却一直保留着。

在史前和文明史早期，对鸟艺术主题可能就是太阳崇拜主题。太阳崇拜在史前广泛存在，尤其对农耕民族来说，太阳是作物生命之源。河姆渡人刻画的双凤朝阳图，仰韶人的阳鸟彩绘，就是太阳崇拜的一种表现方式。太阳鸟崇拜是太阳崇拜的另一种表现方式，也是全球原始居民的通例。到史前末期龙山文化之时，山西陶寺人、湖北石家河人、山东龙山人在将对鸟图形制成高冠后，又琢磨出对鸟玉牌饰，既延续了原有的太阳崇拜观念，又将这观念延伸至人主崇拜，戴着对鸟冠的人，一定被当作太阳之子崇拜，他也一定觉得自己就是太阳的化身。这种观念可能影响到了早期文明时代的人们，也正因为如此，我们常常可以发现三代的对鸟冠式玉雕像，所以九连墩的墓主人将对鸟玉牌饰带到了自己的墓穴里。

　　　　　　　　　　　　　　　　　　　　　　动物有灵

战国以后，对鸟艺术的内涵可能发生了明显改变。首先是作为艺术的受体开始向平民转移，平民有机会赋予它新的内容。这个时期赋予的新内容主要有两点：吉祥与爱情。汉画上的房顶，普遍见有对鸟图像，表现的便是祈求吉祥的心理。采用对鸟主题作两性之爱的象征，表明这时对鸟开始有了雌雄之别的理解。有学者解《诗·周南》之《关雎》"关关雎鸠，在河之洲。窈窕淑女，君子好逑"，说这个"逑"是"雠"的假借字，雠即双鸟之意。如果此说不误，说明对鸟的概念在先秦时代已入诗中。

当然最早咏对鸟的诗，确定的应当是汉代的诗。如汉《古绝句四首》之一：

> 南山一桂树，上有双鸳鸯。
> 千年长交颈，欢爱不相忘。

这是对鸟艺术的诗化语言，桂树上交颈的双鸳鸯，相亲相爱矢志不忘。诗里用双鸟比喻爱情，对鸟艺术内涵发生了明确转化。又读到司马相如的《凤求凰》，有"何缘交颈为鸳鸯？胡颉颃乎共翱翔"；又见三国魏曹植的《种葛篇》，写到初婚时的欢爱，"下有交颈兽，仰见双栖禽"；又见晋人阮籍《咏怀》，有"愿为双飞鸟，比翼共翱翔"……这些都证明汉晋时代用交颈兽和双栖鸟来象征爱情。后来就有了《搜神记》中的悲情故事，有了相思树连理枝上的一对悲鸣的鸳鸯。

唐诗中也常常可以读到类似意境，如白居易《长恨歌》的"在天愿作比翼鸟，在地愿为连理枝"，元稹《会真诗三十韵》的"鸳鸯交颈舞，翡翠合欢笼"，薛涛《池上双鸟》的"双栖绿池上，朝暮共飞还"，都属于这类对鸟爱情诗章。这样的诗意自然对后世产生了不小的影响，这里我想举老电影《白毛女》插曲《北风吹》的歌词来说明，喜儿在歌里这样唱着：

北风吹，雪花飘，风天雪地两只鸟。

鸟飞千里情意长，双双落在树枝上。

鸟成对，喜成双，半间草屋做新房。

这样的意境难道不能与汉唐诗句相提并论吗？这是一脉相承的悠久文化的写照。当然除了文化传承外，自然界的鸟类行为也是对鸟艺术丰富发展的一个外在动力，如人们通过观察天鹅与鸳鸯这些特别的鸟类群体，将它们的忠贞行为引作自己的范式，也是很自然的事。

对鸟艺术主题出现在史前牙雕上，出现在权贵们的冠式上，出现在商周人的铜器上，出现在汉代人的建筑上，出现在汉唐人的诗歌里，出现在现代人的诗画里，这是一个永恒的艺术主题，它是太阳的颂歌，是情爱的象征，是祥瑞的希冀。对鸟艺术的意境是师法自然的结果，是一代一代艺匠艺术加工的结晶。

回过头去，再看一眼曾被作为兽面解读的陶寺玉牌饰，再看一看九连墩的对鸟玉牌饰，对这一艺术主题，我们是不是有了更深刻的印象呢？

本文原名"古代艺术中的'对鸟'主题——从史前玉佩饰说起"，《中华文化画报》2011 年 4 期。

饕餮重构

收藏于湖南省博物馆的体盖合一的皿方罍，是迄今出土的最精致的商代青铜器之一。正是因为精致，刺激了一些人的嗅觉，它意外出土后，器盖与器身就天各一方，分离了近百年的时间。皿方罍造型雄浑沉稳，盖、身、足上下满铸纹饰，全器以云纹为地纹，四面以大动物面纹为主纹，间饰夔鸟纹，环珥当啷，扉翼张扬，堂皇之美摄人心魄。皿方罍的精工与完美毋庸置疑，它能打动有幸看到它的每一位现代人，也一定打动过3 000多年前看到过它的每一位商代人（图1）。

青铜时代的青铜器，是那个时代科技与艺术最高水平的体现。青铜器最能打动我们的，是它造型的厚重与纹饰的精致。商周时代的青铜器，造型体现实用与艺术结合的精巧匠心，其中以各式动物造型和满饰动物纹饰的重器最具观赏价值。不少重器当用于特别礼仪或固定场所的陈设，繁复精美的纹饰主题以图案化变形鸟兽纹最具特色，大幅面的动物头面像居器表显著位置，并衬以云雷纹为地纹，使器物显示出一种非常强悍的张力（图2）。

图1　皿方罍回归合体

商周青铜器装饰中出现频率最高、最为典型的纹样，便是研究者通常定义的兽面纹。将动物头面图像铸在器物最显眼的位置，是商代后期至周代前期非常流行的装饰风格，纹样细节虽然变化多端，但基本结构固守不变。主要构思是用非常粗犷的构图表现出动物脸面的基本轮廓，一般采用两个显身或隐身的侧视兽面，左右对称拼合在一起。这样的兽面纹口龇目瞠，角耸耳张，给人面目狰狞神情诡谲之感，所以被许多人惯常名为饕餮纹，饕餮纹也因此成为解读的一个出发点，或者说成了一个导引点，解读出的结论也容易为人们所接受。

图2　皿方罍器身纹饰

饕餮纹，就这样成为了解三代青铜器的一个很重要的切入点。饕餮两字，也许不少人发不出确定的读音，当然他们会猜度一下，首先感觉应当与吃有关，都以"食"为部首。但古代又以"贪财为饕，贪食为餮"，[1]两字并不全与吃相关。后人以嗜食为"老饕"，似乎又用错了这个字，但显然都可以浑指贪食，也就不必细究它了。

从学术的层面看，宋代的金石学家相当肯定地在饕餮与商周青铜器纹饰之间划上一个等号，这个认识已经存在了近千年的时间，最先用饕餮纹之名的是《宣和博古图》。宋代学者显然比较认同这样

---

1 《左传》杜注。

　　　　　　　　　　　　　　　　　　　　　　　　　动物有灵

的说法，所以在《路史·蚩尤传》注中，认定"三代彝器，多著蚩尤之像，为贪虐者之戒"。这里的"戒贪"之说，一直主导着铜器纹饰意义的研究，但它却是一个最需要细究的命题。

不过在饕餮与铜器兽面纹之间划上等号，却并不是宋人的发明。从文化学的意义出发，更早对所谓饕餮作阐释的是先秦时代的《吕氏春秋》及《左传》，这个时间又要往前提上1 000多年。梳理出来的文献尽管阐发得很简略，却也存有可商之处。

据《吕氏春秋·先识》说："周鼎著饕餮，有首无身，食人未咽，害及其身，以言报更也。"这些话很直接地说明，铜器上的那些纹饰就是饕餮，饕餮没有身子，食人还没完全咽下去，就将自己撑死了。并且说这里讲的是因果报应的道理。《吕氏春秋》又有《报更》一篇，讲行善、回报与报应。古人相信，行善行恶都会有报应，但将铜器上的动物纹样与报应关联起来，又是什么道理呢？

这样的解释也为汉晋学者所接受，甚至又有更多的推演。《左传》说饕餮是"缙云氏不才子"，《山海经》中的食人"狍鸮"，郭璞注以为即《左传》所言之饕餮。《山海经·北山经》说："……钩吾之山……有兽焉，其状如羊身人面，其目在腋下，虎齿人爪，其音如婴儿，名曰狍鸮，是食人。"郭璞说："为物贪惏，食人未尽，还害其身，像在夏鼎，《左传》所谓饕餮是也。"吕氏言饕餮在周鼎，郭氏更将饕餮推演到夏鼎，都是猜度而已。

很多研究者为了说明饕餮食人，惯常列举的最有力的证据，是铜器上的"虎食人"造型。青铜器中发现有几件虎形卣，一般是半蹲的虎张着大嘴，虎口下立一人形，这被解释为虎食人且是"食人未咽"之意。可是我们看到的人形全无惊恐惧怕之色，反而穿着齐

图 3　虎食人卣与龙虎尊

整、作双手抱虎亲近之状，虎与人如此和谐，真不能相信这是食人的情景。还有一些铜器上也见到类似人虎共存图形，如三星堆铜尊腹纹和殷墟司母戊大鼎之耳饰及妇好铜钺纹饰，有双身虎，也有双虎，虎头下有人首或人形。安徽阜南出土的龙虎尊上，饰有一单首双身虎口衔一蹲踞人形的画面；美国华盛顿弗利尔美术馆藏三足觥，其中两足上分别饰有一人形，头部上方正是大张的兽口；日本住友氏泉屋博物馆与巴黎赛努施基博物馆，也分别藏有类似的虎食人卣。过去对这样的图形一般定义为"虎食人"，认为这个主题符合传说中饕餮吃人的定性（图3）。

　　张光直先生经过仔细观察，认为虎卣大张的虎嘴并没有咀嚼吞食的举动，他否定了原先食人意义的判断。近来有研究者提出这可能是人假虎威的狩猎舞蹈造像，个人觉得也有可能表现的是驯虎或戏虎的情景，或者是一个假面舞场景，即《尚书·舜典》中所说的"击石拊石，百兽率舞"的一个缩影，恰如当今所见龙舞狮舞之类。

　　　　　　　　　　　　　　　　　　　　　　　　动物有灵

食人主题没有了，食人卣之名可改称虎舞卣了。

在不同的文化中，几乎都有器物装饰传统。用特别选定的纹样装饰器物，不仅仅是为着美化的目的，也为赋予器物灵魂，实际上是人类将自己的灵魂附着在了器物上。将动物图像几何化之后，人们在史前时代装饰陶器而成就彩陶，在文明时代初期装饰铜器而成就礼器，而选定的动物形象是社会公认的，一般是一个时代一定地域的居民崇拜的对象，这也就使得器物的装饰题材与风格高度一致。

如果我们将大量的铜器动物纹视作饕餮，但它并非崇拜的对象，那铜器的装饰目的与彩陶就不同，它会是一个例外吗？我们先作一个假设，假定为了戒贪的目的，周鼎上铸出食人的饕餮图像，推想一下它们之间的逻辑关系。

许多人似乎很简单地就接受了这样的说法，饕餮是传说中极为贪吃的恶兽，贪吃到连自己的身体都吃光光了，所以成了有头无身的模样。好吧，让我们暂且接受饕餮纹戒贪的理论，然后先得发问：让谁戒贪？青铜礼器祭器，是祭祀、宾客、自享的永宝用之物，难道是要让神、祖、主、客来戒贪？应当都不是。祭祀神灵与祖先时，摆上这样的祭器，是不是还要念些这样的祷词：敬重的神祖，好吃好喝的时候，你们可要悠着点儿，别撑着了，撑坏了不仅自身难保，也保佑不了子孙们了……当然不可能这样说话。怎么说呢？《诗·小雅·楚茨》记录了当年可能的说法："以为酒食，以享以祀，以妥以侑，以介景福。……苾芬孝祀，神嗜饮食。卜尔百福，如几如式。"这是祭祀先祖之歌。馨香的饮食，神祖是很喜欢的，神祖吃好了，就能保佑子孙百福安康。按常理，盛满酒食的青铜器上，不会出现戒贪意境的图像。有许多带铭铜器，很明确是献给祖先的，是为子孙祈福铸造的，作为后代怎么会用这戒食的图像警示先祖呢？

所以我们有理由提出怀疑，阔嘴大张的兽面图像，一定与贪吃无关，与人们惯常理解的饕餮之意无关。而且将"害及其身"理解为是吃了自身只剩下头面，很难让人信服。戒贪之说不实，那又该如何看待这样的青铜纹饰呢？

也许《吕氏春秋》的说法是有依据的，但那样的解读却未必切题。读《左传》可以知道，春秋时代已经有人对铜器纹饰发表看法了。《左传》文公十八年提到了饕餮，说"缙云氏有不才子，贪于饮食，冒于货贿，侵欲崇侈，不可盈厌，聚敛积实，不知纪极。不分孤寡，不恤穷匮。天下之民，以比三凶，谓之饕餮"。不过这儿并没有说明铜器上的兽面纹，是不是缙云氏的不才子饕餮。《左传》宣公三年记王孙满在回答楚子的问鼎轻重时说，过去夏将远方贡金"铸鼎象物，百物而为之备，使民知神奸。故民入川泽山林，禁御不若。螭魅罔两，莫能逢之，用能协于上下，以承天休"。这是禹铸九鼎的故事，王孙满认为一些动物能助巫师通天地，把它们的形象铸在青铜彝器上，用现时的话说可以使上下和谐、国泰民安。王孙满有点像在做考古研究，他的这个说法，我们过去没有太在意，铜器上的动物图像，并非专指贪恶的饕餮者，更没有戒贪之意。还要特别提到的是，王孙满说这番话是在宣公三年，即公元前606年，距离西周存在的年代不过百多年的时间，作为王孙的他对铜器纹饰的解释应当是可靠的，也是权威的。

为着深入的研究，许多考古学家就青铜器上的动物头面纹饰进行过分析，划分出几十个类型。这样的纹饰一般以鼻梁为中线，两侧对称排列，大眼、大鼻、大角，这是基本构图。虽然研究者觉得它们看起来像龙、虎、牛、羊、鹿或鸟甚至是人，但还是有一些细节被忽略了，影响了对纹饰的定性研究。

商周青铜器的制作有模有范，纹饰也有专范。从纹饰制作技术的角度分析，一个动物纹就用一块单独的纹范制成，从制成的纹饰上看，单块范之间留有浇铸口，铸完后会留下浇铸线。仔细观察可以发现，不少所谓的兽面纹并没有完整地拼合范模，这一点非常重要。兽面的左右两范常常没有完全对正，所以出现的兽面左右并不完全对称。后来出现的整范动物头面上，可以看到一个特别的

图4　分合不同的动物头面额心的方菱纹

均见于妇好墓

方菱形额标，似乎是很特殊的一个象征标志，其实它是此前两侧面动物头面额角的轮廓线，两额角合体自然形成一个菱形线框。有时因为拼范不够严密，左右两额角未能对齐，那个菱形就合不起来了（图4）。

铜器上几乎所有的兽面纹，乍看起来都不完整，感觉像张着大嘴，但却只表现出上颌与鼻底，不见下颌。其实这是误判。兽面纹是有下颌的，通常看到的鼻突位置是上颌，连接着的是口腔和下颌，下颌在口腔左右，而不是在上颌下面的位置。兽面纹上的上下颌其实是双上颌和双下颌的拼合形式，也即是两个侧视兽面拼合的图形。这样的侧视兽面，在商代早期可以单独出现，一般表现为头面身形具备，也有两兽对顶的构图，两兽的头部侧面合构成一个正视的头面（图5）。

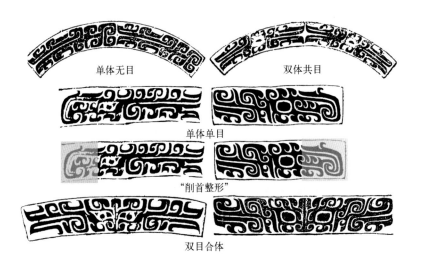

单体无目　　　　　　双体共目

单体单目

"削首整形"

双目合体

图5　商代前期的兽面解构

　　　　　　　　　　　　　　动物有灵

也正因为如此，商代铜器上许多兽面纹并非单纯的兽面，它们都拖带着一个小身子，甚至有的还带有小爪子，这在年代稍早的铜器上表现得比较明显（图6）。再仔细观察皿方罍，那个硕大的动物面形正是由两个侧视的动物脸面合成的，它们都带有自己的身子（图7）。即使到了西周早期，这样的例证也并不少见。对于这些带有身子的全形动物纹，因为头面和眼形过于夸张，研究者有时也将它们一并认作独立存在的兽面纹了（图8）。

现在我们只需观看动物头面的左一半或右一半，我们就能读懂它了。在商代早期的一些铜器上，我们能够看到两个这样的全形动物图像，它们也是头对着头，但中间留下了较远的距离，如郑州白家庄出土铜爵上的对头全形动物纹便是如此（图9）。将动物头面纹饰这样一解构，突然觉得饕餮纹或兽面纹似乎是一个伪命题，它们本来是两个相对的动物头面侧视图，恰是我们误将两图合为一图，看成了一个正视的兽面。独立的兽面图

图6　商代后期全侧视动物组合的显身兽面解构

饕餮重构

图 7　皿方罍动物头面纹

图 9　郑州白家庄出土商代早期铜器上的
对头全形动物纹

图 8　西周全侧视动物组合的显身兽面解构

动物有灵

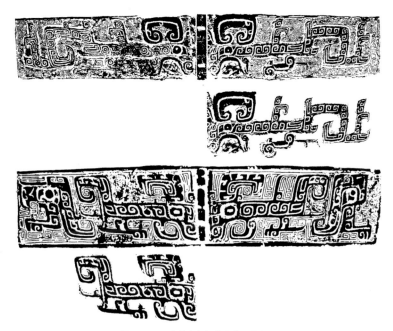

图 10　司母戊鼎和妇好鼎上的显身兽面

像要晚出一些，而且沿用了原先的两合图像，将左右两侧面合成立面像。我们习称的兽面纹中原来的两张脸，其实互不搭界，中间常有扉棱之类的隔断，商代铜器上这样的构图非常明确，司母戊鼎和妇好鼎上都能见到这样的例证（图10）。后来这隔断装饰消失，就更容易将两张脸合成一张脸看了。因为它的构图依然是原来双身兽面的结构，只是省却了原有的身形（图11），我们不妨用一个新词"隐身兽面纹"称之，以强调它与全形兽面纹之间的相关性。从一些例子看，虽然动物头面图像已经不表现身体了，但在它的左右通常需铸出一全形动物的简略图案，这个用意也很明显：头面它本来是

饕餮重构

图 11 商（上）周（下）隐身兽面纹

有身子的，匠人在这个图像里不屑或无须再表现它了。

如若这样的观察没有太大出入，可否将动物头面纹饰作这样的分别：那些中间有明显隔断或划界，而且左右带有明确身形的动物头面，都不能视作单体兽面纹。

还值得注意的是，商周之际铜器上两两相对构图的动物纹，有的距离拉得比先前大了一些，大到我们不可能将两个侧面合看成一个正面。或者还在两头之间另插入一些其他图形元素。特别是自周初开始，铜器上增加了对鸟纹，它们不仅不太可能构成新的兽面，而且使青铜纹饰的整体风格由刚向柔变化，开启了一个略显清新的艺术时代（图 12）。

说到鸟纹装饰，也是商周铜器表现的一个重要主题。刚刚回归的皿方罍，腹部纹饰动物头面鼻端下多铸了个三角图案，这是过去很少见到的细节，有人解释说那三角就是吃剩下的人体，正表现了食人未尽的用意。这当然是过于牵强的说法，借这个说法若是再问

动物有灵

图 12　西周铜器对鸟纹

一问，大量没有表现三角的兽面，是它已经将
人吃完了，还是它未来得及吃呢？大量的这类
兽面纹，又如何将它们归入"食人未尽"的情
境中理解呢？不用说，这三角不会是人体，它
最有可能表现的是鸟的尖喙。如若真是如此，
皿方罍上的大动物头面也许可以定性为鸟面，
它的盖上见到了同样构图的头面图像，只不过
颠倒了180度，成了向下张望的姿势，注意到
这一细节的人可能不多。

　　解构皿方罍的主体纹饰，原来习称的兽面
纹有可能是鸟纹。全器上除了大面孔鸟纹外，

图 13　妇好鸮尊

饕餮重构

还有作镶边装饰的侧视鸟纹，这种带回钩的尖喙鸟，虽然形体修长，可我们还是会将它与鸮类猛禽联系起来。因为在其他几件典型的商代鸮面青铜卣上，大鸮面的左近也常常出现类似的鸟纹，它只能是鸮而非其他。而且还见到若干件鸮形尊，其中以妇好墓所出最为精致，造型典雅，装饰华美，非常受关注（图13）。

　　青铜作鸮，鸮有何义？或说鸮是商人作始祖崇拜的神鸟，即玄鸟。如《诗·商颂》所言"天命玄鸟，降而生商"。有人还列举甲骨文中的"商"字为猫头鹰锐目构成，在《说文》里也能看到绘出大眼尖喙的"商"字，表现了猫头鹰与商字的特别联系。商人还有一个非常隆重的祭仪，叫作"蓶祭"。有的学者认为"蓶祭"是以鸮行祭，也有人认为是祭祀鸮。"蓶祭"时，巫师将酒洒向大地，向祖先神鸮祈雨求丰年。康殷先生《古文字形发微》通过对"蓶""萑""瞿"等甲骨文字的考证，认为这些文字都是远古至商代人们崇拜鸱鸮的见证。他说："几乎从一开始就发现古文中的各种觀字都来源于鸱鸮形。因而我们研究、解释古文有关的若干字形，就非借助这些鸱鸮形，尤其是古人手笔下造出的鸱鸮形作品，如青铜器造型、花纹中的此形不可……对于释蓶、觀诸字来说，首先弄清鸮形，似乎是惟一的捷径。"

　　走笔至此，想起我曾经解构山西襄汾陶寺遗址出土的兽面玉佩，认定它是两只相对而卧的鸟儿合成的影像，这样看来，说它是一种早期的神面图形也无不可。铜器纹饰中许多兽面的组成，其实是两只全形的鸟或者兽，夸大头面而缩小形体，容易让人看成兽面。

　　资深考古学家们对青铜器动物纹的研究，经历了比较曲折的过程。李济先生不赞成用饕餮这个名称，将青铜器上的这类纹饰总称为"动物面"（1972）。张光直先生则称为"兽头纹"，有单头和连身之分（1973）。马承源先生径称为"兽面纹"，以角的区别划分类型（1984）。陈公柔、张长寿先生研究时亦以"兽面纹"作名称，不再使用"饕餮纹"一词（1990）。虽然如此，在许多论著中涉及青铜器纹饰时，仍然在使用"饕餮"这个名称，仍然以饕餮之名定义兽面纹。

关于兽面纹的演变，据陈公柔和张长寿先生研究，无身兽面纹的最原始形式，只是一对圆泡状乳钉，以表示兽面的双目，渊源可直溯到二里头文化，后来逐渐增添鼻角口耳眉，成为器官齐备的兽面。西周中期兽面纹出现向窃曲纹演变的趋势，兽面纹因此消失。不少窃曲纹还保留有眼目图形，所以又有学者称为变形兽面纹，是兽面纹的变体。

眼目是兽面纹的主体，由于兽面纹一般只见有双目，它原本应当源自史前的眼睛崇拜。史前彩陶上有成对眼目纹，玉器上也有成对眼目纹。有研究认为萨满教中的天神同时也是太阳神，太阳神往往被绘制成眼睛状，因为在诸多古代神话中，太阳被称为"天之眼"。如婆罗门教的太阳神，又称"天之眼睛"或"世界的眼睛"。由此认为饕餮纹并不仅仅是一种兽面纹，饕餮当为天神或太阳神之属。日本学者林巳奈夫注意到二者实为一体：饕餮（帝）是从太阳那里继承了传统而表现为图像的东西。饕餮纹中对眼睛的强调，正是其作为光明的太阳神特征的描述。

就是这样一张瞪着大眼睛的动物头面，研究者谈论它的含义由戒贪转到了始祖崇拜和太阳崇拜，这个变化有点大。说到这里，猛然觉得，艺术越是古老，它越亲近动物题材，以地域为区分的人群，会用神化了的动物表达信仰。彩陶、玉器、青铜器，艺术的载体无不是如此。细想起来，差不多所有的神话都与动物有关，神化了的动物们，给早期文明时代的人们带来了许多精神慰藉，也促使人们创造出了许多不朽的艺术品，青铜艺术便是最好的见证。

青铜器研究，如果从宋人算起，历时已足千年，但我们还不能说已经研判清晰无误了，还会有新的发现，还会遇到不少新的问题。即使像皿方罍，出土也已近百年，我们也未必将它看得很透彻。旁观了一番青铜器"饕餮纹"，让我们回过头再看一眼皿方罍，你会发现，那呈四面坡的盖面与盖钮上的鸟首兽面纹，一反常态头顶向下倒置，这是铸造设计的失误，还是另有意义要表达呢？值得再究。考查其他许多神面纹方彝、方罍、方卣等，它们的方盖与方钮，居然也多是倒置动物面纹饰，这说明绝非偶然，也许暗含着一个未知的谜呢（图14）。这里有一个特别提示，青铜器着力表现的鸮，也

图14　皿方罍盖上的倒动物头面纹饰

72　　　　　　　　　　　　　　　　　　　　　　　　　　动物有灵

即是猫头鹰，它是可以倒转头来看世界的，身体构造给了它这个能力。莫非这些方形铜器上铸出的倒置神面，真的与鸮有关?

在解构青铜兽面图像之后，我们已经感受不到它原先传导出来的狰狞之像。那时代的工匠们简单地将两张脸合成了一张脸，于是原本不凶猛甚至还萌态十足的动物面相，居然就变成了受后人诅咒的对象，我们的学术也就如此写出了历史本来没有的那些段落。历史是可以补写遗忘的那些片断的，但是增写与猜写却是不成的。

本文原名"'饕餮'的文化内涵——关于中国青铜器纹饰的解构"，发表于《光明日报》2014年9月2日12版。

鸮鸟通神

　　在史前艺术中，鸟是一个很重要的表现主题。史前人能看到的鸟，数量和种类一定很多，在他们的艺术中有鸟类主题是很自然的事，不过并不是所有的鸟都能进入史前艺术领域，艺术表现会有选择，也会有所侧重。中国史前艺术中也见有一些鸟类主题，尽管我们并不能完全辨识出现在艺术中的鸟类种属，但鸮形主题却是确切存在的，它的形象辨识并不困难，本文要讨论的便是这个史前艺术主题。

图1　仰韶文化陶鸮尊

陕西华县太平庄

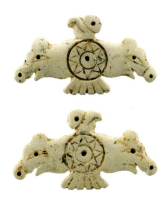

图2　玉鸮

安徽含山凌家滩

动物有灵

图3 红山文化玉鸮

1—3. 辽宁阜新胡头沟 M1　4—6. 内蒙古巴林右旗那斯台

鸮的形态很特别，生活与活动习性也比较特别，这些都可能引起史前先人的特别注意，使人产生不少联想。鸮的形象很自然地进入史前艺术中，中国史前彩绘、陶塑、玉雕，都曾将它作为表现主题。迄今考古所见表现鸮形的艺术品，重要的有仰韶文化的鸮形陶尊和陶鸮面、齐家文化的鸮面陶罐。史前鸮形艺术品更多地以玉雕形式出现，而且以红山文化中发现数量最多，形态也富于变化。本文拟以红山文化发现的鸮形玉器为中心，对中国史前艺术中的鸮形主题作一番简单的讨论，大力梳理鸮形艺术造型的演变脉络，还要探寻鸮形艺术主题的象征意义及其存在的文化背景。

史前艺术品中的鸮形造型分类

中国史前鸮形艺术品因考古文化或时代的差异，造型有很大不同，大体可分为全鸮体形、鸮面形和鸮目形三类，表现角度有明显区别。在这体、面、目三类鸮形中，又可再分写实和写意两种，造型富于变化，特征表现都很到位。

史前鸮形艺术品从发现数量上看，全鸮体形所占比例最大，形态变化也最多。全鸮形出现的时代也稍早一些，而鸮面形和鸮目形则是它的简化表现形式，是抽象形式。

1. 全鸮体形

全鸮体形是考古中见到的比例最大的鸮形艺术品，虽然表现的都是全形，但形态区别比较大，体形大小也不同，如陶鸮和玉鸮区别就非常明显。红山文化中见到较多的全鸮形玉雕，一般形体较小。

全鸮形艺术品分写实与写意两式，也有的介于两式之间。

写实式全鸮形 鸮为立体造型，形体特征表现细致，头、体、翅、目、喙、足一应俱全。

写意式全鸮形 鸮形特征重在姿态轮廓的表现，细部有所忽略。有些虽然细部也有周到的刻画，但整体变形较大，也归入写意式。如仰韶文化中见到的鸮形陶尊（图1），鸮之形态表现细致，但全器作容器形，所以当以写意式视之。[1] 又见凌家滩文化的猪首翅玉鸮（图2），其实也是一个变体的全鸮形，器作展翅飞翔状。[2]

在全鸮形艺术品中，如果以鸮形的姿态分类，又可分为立式、卧式和翔式三类。

立式全鸮形 大约是人们观察到的鸮以静态为多，所以在艺术表现时也以立式为多，现代艺术中的表现也是如此。红山文化立式玉鸮数量较多（图3：1—6），如辽宁阜新胡头沟和内蒙古巴林右旗那斯台遗址所见，玉鸮两翅微张，左右对称，有时明确表现有双足。[3]

卧式全鸮形 只见到一例，2003年牛河梁红山文化遗址第16地点出土的称为玉凤的那一件（图4），鸮作回首蹲卧状。[4]

翔式全鸮形 凌家滩文化的展翅玉鸮，是一例翔式全鸮。标准

---

1 国家文物局主编：《中国文物精华大辞典·陶瓷卷》，上海辞书出版社、商务印书馆（香港），1994年。

2 古方主编：《中国出土玉器全集·安徽卷》，科学出版社，2005年，图4。

3 古方主编：《中国出土玉器全集·内蒙古黑龙江吉林辽宁卷》，科学出版社，2005年，图113、114、116、26、27、28。

4 古方主编：《中国出土玉器全集·内蒙古黑龙江吉林辽宁卷》，科学出版社，2005年，图112。

图4 红山文化玉鸮

辽宁牛河梁第 16 地点 M4

图5 石家河文化玉鸮

湖北天门石家河

1　　　　　　　　　　　2

图6 良渚文化玉鸮

浙江余杭反山 M14、15

图7 玉鸮

1. 山东滕州前掌大 M120　2. 山东青州苏阜屯　3. 山西洪洞永凝堡 M5

图8 绿松石鸮

辽宁喀左东山嘴

图9 仰韶文化陶鸮面

陕西华县元君庙

的翔式全鸮形，还在石家河文化中见到一件（图5），是少有的发现。[1] 良渚文化中的玉鸮多作展翅飞翔状（图6），眼大喙尖，应是飞鸮。[2] 山东、山西都见到过飞鸮小件玉雕（图7），年代晚到商代及以后。[3]

如果细分，还能分出一类"将翔式"全鸮形。将翔式全鸮形双翅略展未展，鸮仍取站立之形，红山文化中见到的这类玉雕最多。辽宁喀左东山嘴见到一件绿松石鸮作展翅待飞状（图8），翅展比其他玉雕显得更开放一些。[4]

当然也有些标本介于写实和写意之间，归类有一定难度。其实也不必太过于仔细分类，玉工在琢玉时也拥有一定的自我表现空间，这样玉雕将体现出更多的个体差异。

2. 鸮面形

鸮面形艺术品只表现鸮的头部面部，在出土品中也可分为写实式和写意式两类。

写实式鸮面形 仰韶文化中有一件鸮面陶塑（图9），鸮面特征齐全，整体感觉自然生动，[5] 类似鸮面艺术品见到的不多。

写意式鸮面形 齐家文化中见到较多的鸮面陶罐（图10），将

1　古方主编：《中国出土玉器全集·湖南湖北卷》，科学出版社，2005年，图15。

2　古方主编：《中国出土玉器全集·浙江卷》，科学出版社，2005年，图101、106。

3　古方主编：《中国出土玉器全集·山东卷》，科学出版社，2005年，图101、106；《山西卷》，图73。

4　古方主编：《中国出土玉器全集·内蒙古黑龙江吉林辽宁卷》，科学出版社，2005年，图115。

5　北京大学赛克勒考古与艺术博物馆藏品。

动物有灵

罐上部做成鸮面形态，对称穿两孔作鸮目。[1]

图 10　齐家文化鸮面罐
青海乐都县柳湾

3. 鸮目形

只是表现鸮面的双目，有圆目式，也有旋目式。红山文化的对称双目形和单目形勾云玉佩，都表现了繁简不一的鸮目，以旋形目为多。双目形玉佩外围有较多的附加装饰，人们以往在解释这些附加装饰时费了很多心力，却有些忽略了双目主体。

鸮目形玉佩上旋目的变形很大，有的中有圆睛外加旋线，有的省去圆睛只表现一道旋线。

红山文化玉佩中的鸮目形，可再分双目一体式和单目式两式，后者应当是一种减省的造型，是一种半体结构形式。

双目一体式　或圆睛或旋眼，周边有附加装饰，下边常见三、五齿式结构，齿式全为奇数排列，这是非常明确的定式。有的没有附加装饰，只表现一双象征性的眼目，如台北故宫博物院的藏品和牛河梁的出土品（图 11），有的非常精致，有的则相当抽象。远在陕西的凤翔上郭店村春秋墓中也出土标准的红山文化玉鸮面，它的收藏显然受到了后世的重视。[2]

1　青海省管理处考古队、中国社会科学院考古研究所：《青海柳湾》，文物出版社，1985 年。

2　台北故宫博物院及内蒙古辽宁等地藏品，又见古方主编：《中国出土玉器全集·内蒙古黑龙江吉林辽宁卷》著录。

图 11　红山文化玉鸮面

1. 台北故宫博物院藏品　2. 内蒙古巴林右旗博物馆藏品　3. 台北故宫博物院藏品
4. 辽宁牛河梁第 2 地点 M27　5. 陕西凤翔上郭店村春秋墓　6. 辽宁牛河梁第 2 地点 M9

图 12　红山文化玉鸮面

1. 辽宁牛河梁第 2 地点 M14　2. 辽宁牛河梁第 16 地点 M79　3. 内蒙古巴林右旗那斯台
4、5. 辽宁牛河梁第 5 地点 M1　6. 辽宁牛河梁第 2 地点 M21

华县泉护村

翼城北橄

陕县庙底沟

图 13　仰韶文化彩陶上的类鸮目纹

单目式　为双目一体的半体形式，只有一目，或圆眼或旋眼，周边有些简单的附加装饰（图 12）。如牛河梁出土的数件，两种样式都有。[1]

在仰韶文化彩陶上，也见到鸮目形图案（图 13），因为发现太少，所以没有引起注意。如河南陕县庙底沟、陕西华县泉护村和山西翼城北橄遗址，都见有类鸮目形图案彩陶。[2]

史前鸮形艺术主题作品的演变脉络

现在要对史前鸮形艺术主题的演变脉络作出准确的判断，还有相当的难度。在红山以外的诸考古学文化中，如仰韶文化、齐家文化和良渚文化中，发现的相关标本过少，不足以作排序研究。即便

1　内蒙古辽宁等地出土，古方主编：《中国出土玉器全集·内蒙古黑龙江吉林辽宁卷》著录。

2　转引自王仁湘：《史前中国的艺术浪潮——庙底沟文化彩陶研究》，文物出版社，2011年，图 3-1-4-1。

鸮鸟通神

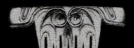

图 14　红山文化鸮形玉器的演变推测

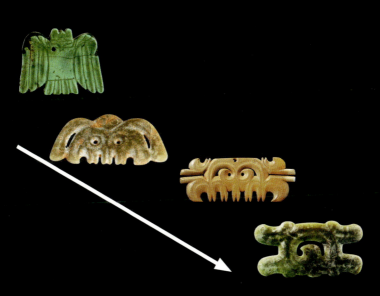

图 15　红山文化鸮形玉器的演变脉络

是发现资料最为丰富的红山文化，也因为考古层位关系的缺失，很难排定出公认的演变序列来。

鸮形艺术的繁简变化，按一般理解，应当由写实出发，经过艺术提炼，达到高度写意的境界，也即由形象到意象的演变。艺术的至高境界，到"得意"之时可以"忘形（象）"，原来的具体形象没有了，但它的象征性仍然存在。

对于红山文化玉鸮的演变脉络，这里做出的是一个初步的假设，这个假设有待将来的检验与验证。本文依据由具象到抽象的造型艺术原理推定，红山文化玉鸮经历了全鸮形—鸮面形—鸮目形的演变过程，这一个三段式的演变，完成了玉鸮的形与意的转换，完成了鸮形艺术的符号化。

玉鸮最初的形态是较为写实的鸟形，直立的鸟体，目喙头尾和双翅具现，有的还刻画出双足，是为全鸮形。后来玉鸮竖长的形态变为横长形，体、翅、足抽象化，有夸张的双目，是为鸮面形。再后来玉鸮完全没有了鸟体形态，只表现为一双或一只夸张的眼形，是为鸮目形（图14）。

当然红山文化玉鸮的这个演变脉络并不完整，并不连续，中间有明显的缺环。按照这样一个序列来理解，在出土玉鸮中，还缺少一个很重要的中间形态，即竖长形向横长形的过渡形态（图15）。不过在一些私家收藏品中，却见到了这种缺失形态的玉鸮，应当也是一个很重要的参考。鸟体具有明确的双翅，但整形已经是横长形了（图16）。

红山文化玉鸮造型变化很大，虽然大体可以找出这样一个演变脉络来，然而在每个阶段也还是有一些特例存在，如牛河梁出土的

图 16 私人收藏的玉鸮   图 17 红山文化抽象形态的玉鸮
                                  辽宁牛河梁第 2 地点 M4

一件玉鸮（图 17），只是完成了基本外形，并没有进行细部雕琢。[1]
不过这件玉鸮的轮廓已呈横长形，也是论证中间演变环节的一个重
要的佐证。

文明时代早期鸮形艺术主题的传承

商周时代，鸮形主题进入青铜艺术中。商代有一种肥硕的青铜
卣，带提梁，整体造型就是鸮形，不过已经是很写意的风格了。南
北区域都发现有这样的鸮形青铜卣，它应当是一种盛酒器。鸮形
图案还被铸在斝等青铜酒器上，图案经过高度提炼，构图夸张而
严谨。

最近新发表的四川三星堆出土文物资料中，也见有数件鸮形造

---

1 古方主编：《中国出土玉器全集·内蒙古黑龙江吉林辽宁卷》，科学出版社，2005 年，图
117。

图 18 陶鸮

四川广汉三星堆

图 19 商代玉鸮

山东滕州前掌大 M203、M120

图20 鸮

1. 玉鸮　2. 铜鸮尊（河南安阳殷墟）

图21 汉釉陶鸱鸮

型文物，有鸮形陶器钮，也有鸮形铜器，[1] 后者的造型与殷墟所见非常相似。引人注意的是，有一件鸮形陶器钮的鸮目，表现为两个放光芒的太阳图像，有明确的象征意义（图18）。

　　鸮形在商周时代也仍然有玉制品发现，也是写实形与写意形并存。值得注意的是，山东地区一些商代墓葬中出土的玉鸮，多作飞翔状，[2] 一定程度上还保留有红山文化的风格（图19）。殷墟见到的玉鸮为圆雕，制作精致，鸮身琢有纹饰，与商代铜鸮尊风格吻合（图20），可视为仿铜制品。[3]

　　汉代以后，也还能见到鸮形主题艺术品，较多出土的陶鸱鸮形器（图21）可能被赋予了特别的含义。[4]

1　四川省文物考古研究院、四川三星堆博物馆、三星堆研究院编：《三星堆出土文物全纪录》，天地出版社，2009年。

2　古方主编：《中国出土玉器全集·山东卷》，科学出版社，2005年，图70、84。

3　中国社会科学院考古研究所：《殷墟的发现与研究》，科学出版社，2001年。

4　私家藏品。

鸮形艺术的文化背景

有研究认为，鸱鸮为昴星宿象征，是太阳的生命意象和农业保护神。鸱鸮是知时之鸟，随着太阳回归而到来，在夜间开始活跃。这是物候历法，而昴星宿正处于中天位置，成为冬至的天文标志点，所谓"日短星昴"。古有"昴曰髦头"之说，[1]"髦头"有不同的解释，有人认为是猫头鹰，说昴星宿是猫头鹰星，商代称"卯鸟星"。《山海经·西山经》说："三危之山……有鸟焉，一首而三身，其状如鹩，其名曰鸱。"有人说"一首三身"指的是鸱蹲姿态，即一首三足，鸱鸮是商人心中的运日三足乌。猫头鹰在黎明迎来太阳，唤醒春天，使万物复苏。崇拜猫头鹰和崇拜昴星宿，都是对太阳的崇拜。不同时代不同民族对昴星宿有不同的叫法，中国古代叫"髦头"，古希腊称为"一串葡萄"，法国人称为"母山羊带领一群羊羔"，英国人称为"母鸡带着个群鸡雏"，毕达哥拉斯称为音乐之神缪斯的七弦琴。[2]

鸱鸮还被认为是生殖神与祖先神，鸟状男根是远古先民的普遍认知，是祈求多产的巫术思维的表现。在商人族源神话中，有简狄吞玄鸟卵生商祖契的传说，"天命玄鸟，降而生商"，一般认为"玄鸟"是燕子，其实应当是鸱。

红山人崇拜鸱，商人也崇拜鸱，这是不是又为商族起源研究找到了一个新的切入点呢？

---

1 《史记·天官书》。

2 孙新周：《鸱鸮崇拜与华夏历史文化之谜》，《北京晚报》2002 年 11 月 18、19、20 日。

红山人用玉作鸮，有研究者认为玉鸮是一种宗教法器，可以通神通祖。夸张地表现鸮目，也赋予了鸮以神性，在膜拜中增强了红山人的自信。

周代以后，鸮被当作邪恶的象征。汉贾谊谪居长沙，以鹏鸟为不祥作《鹏鸟赋》，鹏鸟即是鸱鸮。《汉书·郊祀志》记："祠黄帝用一枭、破镜。"如淳注说："汉使东郡送枭，五月五日作枭羹以赐百官。"端午为辟邪之日，食枭羹图的是消灾。汉人六博之戏以得枭为胜，枭也就成了胜利的象征。《后汉书·张衡传》说："以得人为枭，失士为尤。"李贤注言："枭犹胜也，犹六博得枭则胜。"这样反用鸮概念的实例，进一步凸显了鸮在人们心中的位置。

鸮，从史前时代起就留下了许多的故事，如果不是那些陶塑和玉雕，可能我们对那些故事会一无所知，是这些鸮形主题艺术品，让我们又找回了一些丢失的记忆。

本文原名"史前艺术中的鸮形主题——以红山玉器为研究的重点"，该提要在"2011 岫岩玉与中国玉文化学术研讨会"上提交。

鸣鸢招风

尘霾，雾霾，生活在现代工业社会中的我们已经司空见惯，这种气象类型古已有之，只是从前不如现在如此频繁出现而已。

霾之碍事，严重时让人忍无可忍。不论古今，霾都是不受欢迎的，它既影响身体健康，也影响情绪，易生事端。

古时之于尘霾，也有一些应对方法，在文献中也能找到相关线索。

据东晋人王子年的《拾遗记》记载，十六国时的后赵国君石虎（295—345），曾在太极殿前建起一座四十丈高的高楼，"结珠为帘，垂五色玉佩"，楼上置一空腹大铜龙，龙腹盛酒数百斛。把酒送到这样的高度，却并不是为了饮用，而是用它来制造酒雨洒尘。"使胡人于楼上噀酒，风至，望之如云雾，名曰粘雨台，使以洒尘。"粘雨台，名字有点怪怪的，应当是粘尘吧。

石虎竟用酒来洒尘，很是奢侈。为何不用水而非用酒呢？看来石虎追求的就是自来酒雨的效果，不单单是为了洒尘而已。当然石虎的洒尘也让我们想到当今时不时肆虐的沙尘暴与雾霾，在1 600多年前的石虎时代也有这种困扰。王子年记述的是与他同时代的事，应当不是虚构。

以酒洒尘霾，不仅成本高昂，而且只是局部解决问题，更强调

　　　　　　　　　　　　　　　　动物有灵

仪式感，效果不会太明显。

对付尘霾，古代还有精神战胜之法。

《礼记》中有相关记载，而且与猫头鹰有关，有点神秘。在《礼记·曲礼上》读到"前有尘埃，则载鸣鸢（yuān）"。经学家注疏说："鸢，今时鸱也。鸱鸣则风生，……画鸱于旌首而载之，众见咸知以为备也。"什么意思？说的是，队伍行进的前方，如果尘埃涌起，就挂起张嘴叫唤的鸢旗。

这个鸢可不是纸鸢或风筝之类，而是猛禽鸱鸮，也即是现代俗称的猫头鹰。挂起一面绘有猫头鹰的旗帜，不用传令，兵士们就能明白，知道如何进行防备了。

鸢，《说文》说是"鸷鸟也"，《玉篇》说是"鸱类也"。《尔雅·释鸟》又说："鸢鸟丑，其飞也翔。"它能飞翔，当然没有问题，《诗经》就有"鸢飞戾天"的句子。

突然想起后来的风筝取"鸢"为名，称为风鸢（图1），恐怕与鸢旗是有些关系的。《新唐书·田悦传》有"以纸为风鸢，高百余丈，

图 1　现代纸鸢

过悦营上"的记述，说的是风筝传信。读《续博物志》，说"今之纸鸢，引丝而上，令小儿张口望视，以泄内热"，这方法治小儿热症，也是别出心裁。

还是回头说这鸣鸢吧。

前引《礼记》文，只是断章，不能完全领会原意。扩展引文，《礼记·曲礼上》的原文如下：

> 前有水则载青旌；前有尘埃则载鸣鸢；前有车骑则载飞鸿；前有士师则载虎皮；前有挚兽则载貔貅。行，前朱雀而后玄武，左青龙而右白虎，招摇在上。急缮其怒，进退有度，左右有局，各司其局。

"前有水则载青旌"，唐孔颖达疏曰：

> 青旌者，青雀旌，谓旌旗。军行若前值水，则画为青雀旌旗幡，上举示之。所以然者，青雀是水鸟，军士望见则咸知前必值水而各防也。

举起绘有青雀水鸟的旌旗，军士知道前方有水，可以有预备。孔颖达依次解释青旌—水流、鸣鸢—尘埃、飞鸿—车骑、虎皮—士师、貔貅—挚兽这几组对应关系，简单地说，这些画旗，似乎是信号旗，是告知军士情报的一种方式。

但是，这样的理解可能并不那么完整，也许只揭示了一半信息。

细作分析，青旌—水流、鸣鸢—尘埃、飞鸿—车骑、虎皮—士师、貔貅—挚兽这五组对应的事物，并不仅仅指示了关联信息，而且还有胜战的概念在里面，青旌—水流、鸣鸢—尘埃、飞鸿—车骑、虎皮—士师、貔貅—挚兽，其实一物降一物，青旌敌水流，鸣鸢敌尘埃，飞鸿敌车骑，虎皮敌士师，貔貅敌挚兽。

有了这样的理解，再看孔颖达对"前有尘埃，则载鸣鸢"的解说，可能稍有欠缺。他说：

> 鸢，今时鸥也。鸥鸣则风生，风生则尘埃起。前有尘埃起，则画鸥于旌首而载之，众见咸知以为备也。

说鸥鸣则风生，风生则尘埃起，这话似乎逻辑有问题。《礼记》说前方尘埃已起，要挂鸣鸢（鸮、鸥）警示，并不是说让鸥鸣生风，风生再起尘埃。显然说反了。一物降一物，这鸥鸣生风，恰恰是要吹散尘埃的。

李贤注《后汉书·马融传》之"揭鸣鸢之修橦"，云"鸢，鸥也，音缘。鸣则风动，故画之于旌旗以候埃尘也"，说得很准确。挂起鸣鸢之旌，等着尘埃一起，风生尘散。待风驱霾，以鸣鸢之旌驱霾的法子，可能在汉代前后被认真实施过，人们对效果也许深信不疑。

我们不禁发问，这近于巫术的做法，真的那么管用么？倒不必那么较真，这只不过是一种精神胜利法，也许常有碰巧的事，鸣鸢之旌一挂，大风就真的来了，雾霾也就散了。赶上这么几回，偶然变必然，不信的人也就相信这法力了。

鸣鸢招风

图2 汉画上的虎与鸮　　　　　　　图3 汉代瓦当上的家字与鸮

其实，以风对霾的办法说奇也不奇，今天我们身处尘霾时，也盼望大风快来，风一到，问题就解决了。还有消息说，像帝都这样的大城，也在考虑设计城中风道，为驱霾增加动力。

鸣鸮，鸮鸣，其实从汉代开始已经被视作不祥之声。这观念一直延续到当代，似乎一听到猫头鹰的叫声，大难就会临头。不过在汉代艺术中也见有鸮形出现，它并非恶鸟，甚至还被当作守护神呢（图2、3）。

鸣鸮不仅招风，它还知雨，有雨将至，它会预先修补窝巢。《诗·豳风·鸱鸮》云："迨天之未阴雨，彻彼桑土，绸缪牖户。"注疏以为是鸱鸮在阴雨之前，取桑根缠绵牖户筑巢。

绸缪是先雨而行，后来又演变成"未雨绸缪"一词，词意很容易让人接受，用时也觉得很自然，只是未必都知晓绸缪原本的意思，更不知它是因知雨的猫头鹰而生成的一个词。

绸缪这个词，《诗经》里说的是束薪，后世绸缪又转用到了人身上，说成束带。绸缪意义还有另外引申，并具有了情感色彩，汉古诗《别诗》"独有盈觞酒，与子结绸缪"，诗关李陵，似乎还只是涉及友情。

到了再晚一些，"结绸缪"就成了男女私情的代称了，如唐韦应物《寄令狐侍郎》：

始自风尘交，中结绸缪姻。

又有宋张耒《读太白感兴拟作二首》：

乃复结绸缪，伫车心伤悲。

更有元曲《赵盼儿风月救风尘》中的：

似这般燕侣莺俦。畅好是容易恩爱结绸缪。

以及清纳兰性德《沁园春》所说的：

欲结绸缪，翻惊摇落，减尽荀衣昨日香。

这一次次的"结绸缪"，显然说的是男女之情了。结的是红丝带，情深意浓。回头再读读《诗经》里的句子，那里的绸缪可是一点儿情爱的影子也没有，有的是猫头鹰的影子。

猴情千年

　　从形体到颜色，从动作到声音，任何一类动物都会以它们独到的一面打动我们。未见其形，先听其声，悦耳的声音传来，会给我们以音乐般的享受。但并不是所有动物的声音都那么动听，例如猴叫声，不论悲喜，都不能用美妙这样的字眼来形容。虽然科学家可以分辨猴语的语言特点，甚至用乐声模仿它们的快乐与悲伤，可我们常人的耳朵听到的猴叫并没有太大分别，总感觉以一种哀腔为主调。在唐宋诗词中，猴也是经常出现的角色，偶尔它们的叫声也会入诗，也都被描述为凄厉哀鸣之声，如唐杜甫就有"风急天高猿啸哀，渚清沙白鸟飞回"这样的诗句。古代诗文所称的猿常常指的是猴，猿之名在文人看来略雅一点，并不是真的就区分了猿与猴。

　　古人对于猴声的感受也有例外，李白的"两岸猿声啼不住"，将他听到的叫声化成了一种快乐，给阅读吟诵的后人留下了非常深刻的印象。李白的身影两度出现在三峡，在第二次出峡时，两岸连绵的猿声打动了他，他将那叫声写进了诗中。话说李白晚年因乘"安史之乱"参与永王叛乱而受惩处，被判长流夜郎（今贵州省桐梓）。已经58岁的李白在浔阳（今江西九江）告别了妻儿，乘船溯江而上，由春夏而至秋冬，旅步沉缓，慢慢行进到三峡。郁闷中的李白写了《上三峡》，发出"不觉鬓成丝"的感慨，觉得青天并不那么

　　　　　　　　　　　　　　　　　　　　　　　　　动物有灵

宽，江水也流到了尽头，人生如此，已是无望又绝望了。不曾想船过瞿塘峡口，在白帝城下传来长安的大赦令，真正是绝处逢生，李白觉得天地顿时变得无比宽广。第二天一大早，李白回舟东行，归心似箭，竟是一日就到达千里外的江陵。绝处逢生的他有怎样的感觉？我们从《早发白帝城》中读到了："朝辞白帝彩云间，千里江陵一日还。两岸猿声啼不住，轻舟已过万重山。"彩云，猿声，给予李白那忧伤心灵的慰藉该是多么大呀，原来猿猴的叫声是那样的悦耳，那样的快活！

李白在猿声中快乐地到了江陵，离亲人也越来越近。不过，远在夜郎故地的桐梓人就有了世代留下的遗憾，若是李白真被发配到了那里，那唐诗中一定会有许多吟咏桐梓山水的篇章，一定会多许多离愁别恨。

李白听到的猴叫也许真的全是快乐之声，但在距今 1 600 年前的晋代，有人在三峡听到了猴的悲怆之声。晋将桓温和他率领的队伍溯江入蜀，船进三峡，部将逮到一只在船上嬉戏的小猴。母猴失子，沿岸追着船队跑了 100 多里，在巫峡时跳到船上，气绝身亡。军士剖开母猴肚腹，见腹内"肠皆寸断"。桓公得知此事，被猴之母子情深感动，同时对军伍虐杀动物的行为非常气愤，"公闻之怒，命黜其人"，他当即罢免了相关人员。这是刘义庆《世说新语·黜免》中记述的一个故事，"肝肠寸断"的成语也由此而来。

人类对猴性的敬畏，还可以找到更古老的渊源，这个渊源仍在三峡。考古在三峡发现了大溪文化，这是新石器时代的遗存，最初的发现地就在距三峡瞿塘峡口不远的大溪遗址。大溪遗址出土了许多陶石类文物，其中一件 1959 年出土的墨色玉器，高不过 6 厘米，

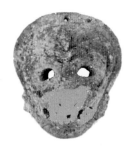

图3 顺山集遗址出土陶猴面

图1 大溪文化遗址出土玉猴坠

图2 巫山大溪文化遗址
出土玉雕母子猴

为长圆形片状坠饰，中心琢刻出一个猴面图案，上端穿有两孔，显然是随身佩带的一件护身符。这是距今5 000多年前的作品，把护身神器琢刻成猴面，表明当时猴已被神化，成为大溪人敬畏的神兽，它已经被赋予超人的力量了（图1）。

后来在大溪文化的其他遗址又发现了一些猴形艺术器，如用黑曜石雕刻的石猴，还有用墨玉制作的母子猴。器高6厘米多的玉母子猴也出自巫山，一只踟蹰中的大猴背着一只小猴，萌态可掬，亲情盎然，可见猴之母子情深已经为史前人所关注（图2）。

考古在年代早到七八千年前的江苏泗洪县顺山集遗址，发现了几件陶制猴面坠饰（图3），也应当属护符之类。也许还有更多的护身符没有被发现，或者没有保存到我们现在。

对猴的敬畏，在一些古老民族看来，出自一种特别的情怀，这样的情怀的生发，与他们的创世传说有关。《隋书》称"党项羌

动物有灵

图4　拉萨曲贡遗址出土陶猴面

者，三苗之后也，其种有宕昌、白狼，皆自称猕猴种"，羌族民间也流传"猴子变人"传说，说猴子冉必娃被"山火"烧掉全身毫毛而变成美男子。

　　在高原生活的藏族也有类似的猴崇拜的创世神话。在布达拉宫主体建筑的走廊壁画中，在罗布林卡新宫的经堂里，都能见到猴子变人的画面。山南泽当之地，正是因"猴子玩耍之地"而得名。泽当人都知道沙当贡布日山上有猴洞，传说附近的撒拉村有一块猴子扒出的青稞地，播种季节人们要在这里举行祈求丰收的仪式。考古告诉人们，这一对猴子的特别情感，也许可以追溯到很早的年代。在拉萨曲贡遗址，出土了一件陶器破碎后遗下的浮塑，上面有一个生动的猴面（图4），它圆睁双目，微张双唇，似乎轻声呼唤着什么。曲贡陶猴是近

图6　曲阜战国猴形银带钩

图5　石家河遗址出土陶猴

猴情千年　　　　　　　　　　　　　　　　　　　　101

4 000年前的艺术品，它让我们想到古代藏族的祖先崇拜，也许他们在史前时代就形成了自己的模式，这个模式经过佛教的浸润，一直传递到了当代。

将猴的形象作为人祖崇拜，暗合进化论的推理，也传递了远古时代先人对人自身起源的哲学思索。这样的崇拜不仅在一些少数民族中传承有序，而且在中原华夏族的传说中也能找到一些证迹。如传说中能言善乐的夔，甲骨文字形像人亦像猴，是一个人具有猴形象的祖先神。王国维视之为殷人先世高祖，有人认定为亦人亦猴的夏人先祖。

这样的始祖崇拜，应当是人与猴漫长交往的结果。在更早的年代，如长江中游的石家河文化，用泥土捏塑烧成的许多小动物中就有猴子，它们姿态各异，或行或止，生动传神（图5）。

猴出现在人们的生活中，自然也会出现在不同时代的艺术作品中。在史前，猴的形象出现在陶器和玉器上；在青铜时代，它们自然就有了铮铮金属之身。青铜器上见到的灵巧的猴影，或是被铸上灯柱，或是被制作成带钩样式，似乎与人形影不离。在山东曲阜出

图7　石寨山遗址群猴青铜扣饰　　　　图8　石寨山遗址群猴青铜扣饰

　　　　　　　　　　　　　　　　　　　　　动物有灵

土的一件战国猴形带钩，钩体设计成正在攀援的一只成年猴，灵动而活泼（图6）。

云南省石寨山发掘的汉墓中，发现兵器和装饰物上铸有灵动的猴，有时一只，有时一群，猴气十足。有的青铜扣饰一周环绕十多只猴，它们首尾相连，似歌似舞，亲密无间（图7、8）。

图9　四川出土摇钱树局部

在古蜀之地，汉代时兴铜铸摇钱树，树上挂满圆圆的五铢钱，有时也会铸群猴攀援其间，烘托吉祥活泼的氛围（图9、10）。

要感受猴与人之亲近，可读唐人卢仝《出山作》"家僮若失钓鱼竿，定是猿猴把将去"，人猴关系非常生动。还可从"野宾"的故事，认识一位五代时的动物保护主义者。后唐诗人王仁裕在汉中做官时，友人送给他一只取名"野宾"的小猿。喂养一年多后，

图10　四川绵阳出土摇钱树部件

王仁裕将一条红绸带系在猿颈，将它放归山林。后来王仁裕调职蜀中，经过汉水时，遥见山高处一群猿猴在嬉戏，只见一只猿向自己走来，它的颈上绑着红绸带。王仁裕唤它"野宾"，它发出了愉快的

应答声，好似旧友相逢一般。王仁裕作诗记其事，"数声肠断和云叫，识是前时旧主人"，人猿竟能如此之亲近。

山中无老虎，猴子称大王。在人的世界，猴的王气没有了，可是它带给人的那些猴气，对人还是有特别的感染力的。人的世界有许多动物作伴，也应当为猴留下一个位置。我们的精神里不能少了它，我们的生活里也不能没它。现代社会也有许多悲哀之处，许多动物同猴一样，与人渐行渐远，好在猴进入了十二生肖的序列，我们不仅有将近十分之一属猴的人，而且我们时常在前人的艺术和文学作品中，感受猴带来的率真与良善，还有谐趣与快乐。

本文原名"考古人说'猴'：古人如何与猴相处"，发表于《澎湃新闻》2016年2月11日《私家历史》版。

猴鸟解谜

在战国和汉代的一些文物上，有时可以见到猴与鸟共存的景象，如铜灯，如钱树，如石阙，如画檐，如砖画，如石刻，细心地观察就会发现，猴与鸟如影随形。

鸟为何与猴同在？

猴鸟多情？多义？

猴鸟并无太多关联，为何要这样特别表现它们？

今年是猴年，我写了一篇小文，写文物中的猴影。写作中捕捉猴影时发现了偶尔与它同处的鸟儿，心里在猜想它们是冤家对头，还是欢喜朋友？翻检了许多文献，始终没有找到合适的答案。

当读到《太平御览》卷九六一引《抱朴子》的文字时，找到了一个可能的答案。文本叙述了一个奇怪的传说：

> 周穆王南征，一军尽化，君子为猿为鹤，小人为虫为沙。

唐吴筠《玄猿赋》引作"君子变为猿鹤，小人变为虫沙"，韩愈诗《送区弘南归》中也有"穆昔南征军不归，虫沙猿鹤伏似飞"的句子。军士高贵者变作猿鹤，低贱者化为虫沙，这是成语"猿鹤虫沙"之来由。

君子为猿为鹤，我们并不相信，但将猿和鸟与君子相提并论，似乎可以用来解读文物中猴、鸟共处的场景。

古人以君子自况，用猴和鸟作君子符号，似乎也在情理之中。宋《云笈七签·连珠》有云：

> 玃乌鹦鸽，不相畏恐。狸犬兔鼠，不相避忤。故君子自处，不群不党，不曜不动，不利不害，常守静不移，故成君子也。

作为君子符号的猴与鸟，似乎为古人所接受。

猴和鸟又喻隐士。如唐皮日休《奉和鲁望樵人十咏·樵家》：

> 空山最深处，太古两三家。云萝共凤世，猿鸟同生涯。衣服濯春泉，盘餐烹野花。居兹老复老，不解叹年华。

又如宋释文珦《赠隐僧》：

> 禅居既高静，道气尤凄清。不识市朝路，深谙猿鸟情。

猿鸟情指隐士之情，如猿如鸟，乐在山林。以猿和鸟喻隐士，也是古人的情怀。

但是，古人有用猴、鸟喻君子，喻隐士，就能解释透彻文物上见到的相关图像吗？

不能，真的不能，特别是当看到文物中出现弯弓搭箭射向猴和鸟的人物时，我们知道君子与隐士之论不是真正的答案。

猴与鸟，它们是古人提炼的两个象征符号，是人们内心的一份希冀。它们是人们曾经的一种向往，一种追求。

灯光下猴鸟歌唱

相比午宴，夜宴的灯红酒绿，迷幻的色彩更胜一筹。虽然霓虹曼妙，但许多人似乎更欣赏烛光的悠忽，明暗之间风光无限。灯烛是古人很早就有的发明，他们在烛光下度过了以千年计的时光，黑暗里的烛光，也闪烁着文明的光芒。

夜宴用灯烛照明，初时应当是一盏盏独灯，战国时制造的多灯连盏集束大灯，称为多枝灯或连枝灯。出土物中最壮观的是河北平山中山王墓的十五连枝灯，高大且复杂的构型显示出了王者气派。连枝灯形如同一棵大树，树枝撑起十五个灯盏。灯盏错落有致，枝上饰有游龙、鸣鸟、腾猿，数了数，树上至少有八猴二鸟（图1）。猴来猴往，鸟儿歌唱，这灯成了快乐的森林。

在大型灯具上出现猴和鸟，并不只见于这十五连枝灯。中山王墓出土的另一件铜人俑擎灯，灯柱上也出现有猴。此灯铸造十分精致，三盏灯盘九支灯签，火烛高低错落，一猴在柱上翻腾，得趣在灯影摇曳中（图2）。此外又见贵州出土东汉连枝灯，横出的四个分枝上，分列着几只猴和鸟。猴和鸟立在灯枝上，犹如身处林间，自得其乐（图3）。

前不久在一个饮食博物馆参观时，看到展位上有两具复制的十五连枝铜灯。柱灯与横枝上光秃秃的，没有见到猴和鸟。我对馆主说，这是个问题，要加上这两种精灵，不然这灯原有的意义味道

图 1　河北平山中山王墓出土的十五连枝灯

图 2　中山王墓出土的另一件铜人俑擎灯

　　　　　　　　　　　　　　　　　　　　　　动物有灵

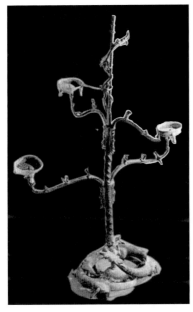

图3 贵州出土东汉连枝灯

图4 汉代铜摇钱树上勾挂的猴形

就没有了。馆主很痛快地就答应了，马上嘱人记录改正。希望再去参观时能看到猴和鸟。

猴和鸟的形象同时出现在灯柱和灯枝上，在战国秦汉之际已不是偶然现象。灯柱和灯枝象征着林木，猴和鸟在其间跳跃歌唱，这难道只表现了自然之趣么？显然不是，因为这猴和鸟，一定是作为特别的文化符号出现的，它们也一定有特定的象征意义，这种象征意义正需要进一步考察。

钱树上的狂欢

灯柱和灯枝上的猴鸟，很容易让人联想到汉代的摇钱树，因为摇钱树上也常见这两类精灵。

汉代的摇钱树有树干树枝，以青铜铸成。树上见到最多的是铜钱，还有西王母和东王公，不过猴和鸟也是少不了的角色，鸟立枝头，猴穿行在枝间，或者弯臂钩挂在枝上（《猴情千年》图9）。这些猴形是单铸后挂上树枝的，它们成群结队地出现，使得冰冷的钱树凸显出一种活力。有时猴和鸟同在，并铸成一体，别有一番情趣。摇钱树上的铜鸟们，嘴里衔着鱼儿，背上是一串铜钱。四川绵阳出土的汉代摇钱树，树上的鸟是中心角色，枝上挂满了铜钱，重要的是还出现了骑马的射手（图5）。这射手又是什么角色？

图5 四川绵阳出土的汉代摇钱树

树下双射侯与爵

如果说将灯柱理解为一棵树有点主观，但若是看到猴鸟在树上的众多汉画图像，也许就不会觉得这是主观想象了。

动物有灵

汉画中有一种特别的主题，被称为"树下射鸟图"，因为出现频率较高，所以受到较多关注，吸引了不少研究者。画面构图常为一棵大树，树上有鸟聚集，有猴攀援，树下有马，还有弯弓射鸟与猴的射手。

汉画中的射鸟图，很明确表现的为射鸟，因为鸟可以是阳鸟，所以画面被人理解为后羿射日。又因为猴也出现在画面上，所以又被理解为养由基射猴。故事见于《淮南子·说山训》的记述："楚王有白猿，王自射之，则搏矢而熙。使养由基射之，始调弓矫矢，未发，而猿拥柱号矣，有先中中者也。"说楚王养了一只白猿，他要射猿取乐，白猿却夺过箭与楚王嬉戏起来。楚王令养由基射白猿，在他张弓搭箭还未发箭之前，白猿就抱着柱子悲号起来。养由基善射，应当不是虚传，《史记·周本纪》和《战国策·西周策》都有记述，百步穿杨、百发百中的成语正是因他而来。

虽然汉画表现的是射猴，但画面上的射手未必就是养由基。对射鸟意义的解释，让研究者们很费思索。曾经专攻汉画的信立祥先生在《汉代画像石综合研究》中，对"树下射鸟图"这样解释：子孙祭祀墓主前在墓地周围射猎，因为要以猎物为牺牲。邢义田不认同这个说法，以为树下弯弓射鸟（猴）的这类图像，其意义是"射爵射侯"。他从内蒙古和林格尔一幅射鸟图的榜题（"立官桂×"）出发，认为桂、射雀、射猴与贵、射爵、射侯谐音，图像又与"立官"有关，是保佑子孙得官爵、得显贵之意。内蒙古和林格尔汉墓壁画，"立官桂（树）"的榜题，让人觉得这树下射鸟图确实就是一幅励志图（图6）。

河南郑州汉画树下射鸟图，因为树下有人骑着马，也容易让人

图 6　内蒙古和林格尔汉墓壁画

图 7　河南郑州汉画树下射鸟图

图 8　山东微山两城山汉画

图 9　山东微山两城山另一幅射鸟图

图 10　成都出土汉画像砖

图 11　河南南阳汉画双人树下射鸟图

图 12　山东某地见到的双人树下射鸟图

联想到"马上封侯",虽然树上只见鸟没有猴。不过要注意的是,这里表现的树应当是连理枝,别有深意(图7)。山东微山两城山也有一幅汉画,连理枝上有众鸟,树下有马,一人在树下搭弓射鸟(图8)。微山两城山另一幅射鸟图,图中的树为明确的连理枝,枝头不仅有鸟,而且有多达13只的猴。树下有马,而且有羊,左右各有一人在射猴射鸟(图9)。这一幅汉画角色描绘完全,对于理解"射侯射爵"的说法很有启发作用。

四川成都发现的一方汉画像砖,画面表现了池塘捕鱼和树下射鸟,很容易理解为渔猎图,但只要注意右边的树上不仅有鸟也有猴,就不能将它看作是一幅简单的生产图景(图10)。还是树下射鸟、猴,但也捎带采莲捕鱼。河南南阳汉画和山东某地见到的双人树下射鸟图,一图有鸟有猴,一图只见鸟(图11、12)。看来鸟是一定要有的,猴在画面上有时可以缺位。

安徽萧县汉画像石中,树上有猴和鸟,形体比较夸张(图13)。值得注意的是,这样的树的品种并非固定,两棵树非桑非桂,可以表现同样的主题。不过这里射手缺位了,这是不多见的。河南郑州出土的汉画中的射鸟图,表现的似乎是武士射鸟,英姿勃发的样子跃然眼前(图14)。山东滕州出土的汉画射鸟图,只见一人射中树上鸟,一猴立于马背,被称为"马上封侯图",也算是名副其实(图15)。

将汉代画像石中常见的树下射鸟、射猴之像,

图13 安徽萧县汉画中的
树上的鸟与猴

　　　　　　　　　　　　　　　　　　动物有灵

图14 河南郑州出土汉画中的射鸟图　　　图15 山东滕州出土的汉画射鸟图

定义为"射侯射爵"，这个说法的依据，见于《礼记·射义》中"射侯者，射为诸侯也"。郑玄注曰："天子中之则能服诸侯，以下中之则得为诸侯。"

古者以射选贤，射中者获封爵，因谓之诸侯。射技好不好，真的很重要，射不中就没有成为诸侯的资格。这个"侯"，本又写作"矦"，《说文》释为"春飨所射矦也"，是个象形字，从人从厂，像张布，矢在其下，也就是箭靶。所以《小尔雅·广器》说："射有张布谓之矦。"《诗·齐风·猗嗟》云"终日射侯"，即终日练习射箭之语。

至于将鸟解为"雀"，再解为"爵"，如《集韵》释为爵位也，似乎于理可通。公侯伯子男卿大夫士，都是爵位。射鸟即是射雀，

图 16　河南洛阳吉利区西晋墓葬石刻射鸟图

即是射爵，射鸟成为求取爵位的艺术表现形式，也许在汉代是非常深入人心的。大丈夫居士，生当封侯，死当庙食，这是汉代男子们的志向。不过将射鸟这样的励志图装饰到墓室中，显然并非为死者表达这种志向，更多的是为子孙求福祉吧。

河南洛阳吉利区西晋墓葬石刻上，也能见到射鸟图，可见汉代人的观念在后来依然延续着（图 16）。

屋檐上的祥瑞

汉画上不仅在树上可见猴与鸟，在建筑上也能见到猴与鸟。

安徽萧县汉墓中见到的建筑图像，建筑下层有鸟形人像，有站

图 17　安徽萧县汉墓中见到的
　　　建筑图像

图 18　四川画像砖上的汉阙和双猴

立在马（羊?）上的猴，屋檐上歇着鸟，居然还有一鸮。汉画建筑上
常见的双鸟图像，应当是祥瑞之象（图 17）。四川发现的一些汉阙，
上面的刻画中有时也见有射鸟图像。成都羊子山出土的画像砖，表
现的是单阙图像，阙体造型非常优美，檐下有双猴晃动，也表现的
是祥瑞的意境（图 18）。有鸟有猴的汉画，虽然不一定都有射手出
现，它们的意境应当是一样的。

婚媾里对子嗣的希冀

　　张晓茹的学位论文《汉代画像中的"树木射鸟图"研究》，在前
人研究的基础上另辟蹊径，认为这类汉画题材与生命传承繁衍有关，

猴鸟解谜

射鸟意为得子，表现的是生殖崇拜。她在论证中提到了高禖，也述及桑树桑林，这样的认识较以前诸说，又明显深入了一步。

禖，本是天子求子之仪。按《礼记·月令》所述："仲春之月……是月也，玄鸟至。至之日，以太牢祠于高禖，天子亲往，后妃帅九嫔御，乃礼天子所御，带以弓韣，授以弓矢，于高禖之前。"

求子于天，是在玄鸟飞来的春日，不仅要以太牢之礼，还要授以弓矢。这个细节过去易于忽略，不过郑玄注意到了，他说这是"求男之祥也"。天子带着有孕在身的嫔妃，将具有象征意义的弓矢授予她，冀望生下男子。后来民间求子，也行禖礼，上行下效也。

画中有象征生育的玄鸟，有象征男性的弓矢，所以说射鸟之图与求取子嗣相关，由射鸟之图联系到生殖崇拜，是很有道理的。不过这论证也留下一个遗憾，论证忽略了野合图。汉画中见有野合图，发现于四川新都（图19）。过去定义为高禖桑林之会，也很贴切。以往人们注意较多的是汉代这种春天流行的古俗，仅限于野合之俗

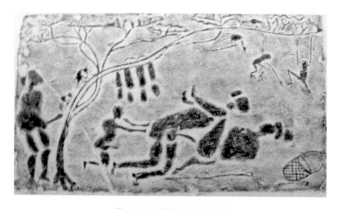

图19　四川新都汉画野合图

　　　　　　　　　　　　　　　动物有灵

图 20　甘肃高台骆驼城魏晋壁画树下射鸟图

图 21　甘肃嘉峪关魏晋砖画驱鸟护桑图

图 22　甘肃酒泉魏晋墓壁画鸟猴裸女图

猴鸟解谜

的讨论，没有更深层次的开掘。

我们仔细看去，虽然两男女的交媾占据了画面的中心，但画面中对环境的交代也不容忽略。注意那一棵不大不小的树，不论它是桑是桂，它上面有两只攀援的猴和几只溜达的鸟！这让我们恍然大悟，桑林之会，猴、鸟出现，求子的仪式感如此浓烈。

汉风如斯。汉代以后又如何？甘肃高台骆驼城魏晋壁画"树下射鸟图"可以给出的答案依然如斯（图20）。房前一棵树，树上歇着鸟，树下有人弯弓射鸟，与汉时有一样的追求。还有甘肃嘉峪关魏晋砖画，被取名为"驱鸟护桑图"，其实依然是树下射鸟的含义（图21）。采桑妇人还在采桑，不过她的孩子已经长大，是一个可以持弓的男子汉了，如愿以偿了。

而甘肃酒泉魏晋墓发现的另一幅壁画，则让人生出更多想象（图22）。一株繁茂的大树上有鸟有猴，树下一裸身女子半匍匐地上。有人称之为"生命之树"，也非常切题。这样的表现方式，较之用箭射似乎更易让人理解，孕育生命的期盼，并且希望非侯即爵。

猴和鸟就这样成了两个象征。这两个由动物提炼出的象征符号，被汉代人模刻在砖石上，牢记在心里。

本文原名"文化符号：那猴、那鸟、那树"，发表于《中华文化画报》2018年6期。

龟甲占卜

　　殷墟的考古学发现，让我们知道了甲骨文，也见识了龟甲的特别用处。当然甲骨文的认读为殷墟的研究提供了重要线索，也开创了学术史的一个新时代。

　　其实殷墟之外也有一些类似的发现，比较重要的是远在川蜀的发现。在成都金沙古蜀遗址就发掘有 19 具龟甲，它们有的是乌龟腹甲，有的是完整的龟壳，有的形体相当巨大，为殷墟发现所不及（图 1）。它们并不是一般的庖厨垃圾，每块龟甲都有一些刻意烧灼成的小孔，孔形与殷墟出土的有字甲骨相似。显然这些龟甲是占卜用的，虽然在卜甲上没有发现文字刻画，但我们并不怀疑这些龟甲

图 1　成都金沙遗址卜甲

的重要性。

商代王室盛行用龟甲占卜决定行为方式，占卜的结果用文字刻画在龟甲上。这些占卜用过的龟甲被成批地埋藏起来，过了 3 000 年的时光，又重新出土，早已被忘却的甲骨文重新回归到我们的知识体系中。

甲骨文的发现富有传奇色彩。清末光绪二十五年（1899），居住在北京的山东人王懿荣患上了疟疾，医生为他开了中药方子，里面有一味药是"龙骨"。家人到宣武门外菜市口一家中药店达仁堂按方抓回来了药。王懿荣开包查看，意外发现龙骨上好像刻有一些不怎么认识的字。事情也还真是凑巧，这王懿荣是个金石学家，对铜器铭文很有研究，龙骨上的发现让他欣喜不已。他让人到药店将所有带字龙骨买回。研究一番后，他断定龙骨上刻写的是一种比金石文字更古老的文字（图 2）。

一次疟疾，带来了惊世大发现。当然患疟疾的必得是王懿荣，换别的什么人有类似的病症，不会有这样的发现。

也还有另外一种说法，说古董商人得到有字龙骨后送给王懿荣辨认，然后王懿荣就追踪到了河南安阳，结果不仅发现了更多的有字龙骨，还确认甲骨上刻画

图 2　殷墟刻文卜甲

　　　　　　　　　　　　动物有灵

的是商代的文字。接下来就发现了殷墟，发现了一段实实在在的大王朝的历史。

在商周时代，人们很想预知自己行为可能的结果，也想预知行为方法的合宜与否，想出许多方法来为自己的决策服务，各种占卜的方法因之被发明出来。有一些占卜的习俗应当出现于史前，它成为人类一种普遍的信仰。占卜的方式千差万别，常见的有鸡卜、骨卜、鸡蛋卜、蚂蚁卜和工具卜等。而龟甲占卜则是一种比较特别的方法，也许还是较高级别的卜法，或者被认为是可信度最高的卜法。

《周易·系辞》说："定天下之吉凶，成天下之亹亹者，莫大乎蓍龟。"

古人为何要用龟甲占卜呢？这个问题在 2 000 多年前，子路就非常认真地请教过孔子。此事在汉代王充的《论衡·卜筮》中曾经提到过，说有一天子路问孔子：猪的骨头和羊的骨头都可以占卜，苇荻的枝叶也可以占卜，可是人们为什么一定要选用龟甲来占卜呢？

孔子这样回答说：占卜就像是一个幼稚的小儿遇事都想问一个为什么，问谁好呢？也许他首先会去找一位白胡子老爷爷，老爷爷在小儿看来一定是经验丰富的人。人们占卜时首选龟甲，是因为乌龟的寿命最长，它博古通今，无所不晓。那有疑问时不问乌龟又能问谁呢？

孔子的回答很是生动，说用龟甲占卜就像向一位睿智的老者求教一样。这是一个很合理的选择。当然我们也不必相信孔子真的解答过这样的问题，不过这也是古人寻找到的一个很有说服力的答案。类似的说法也见于其他文献，如《礼记·曲礼上》疏引刘向曰："蓍之言耆，龟之言久。龟千岁而灵，蓍百年而神，以其长久，故能辩吉凶也。"其实孔子并非相信龟卜可信，而是从逻辑上作出了一个最好的回答。

王充理解孔子的意思是，蓍草并不神，龟甲也不灵，这只是取它们的名，不一定有其实。没有其实，就说明它们没有神灵；没有神灵，可见用龟蓍占卜并不能向天地问吉凶。王充不相信有神灵，自然也是不相信占卜的。他还列举武王伐纣之事。传说武王伐纣之先也进行了占卜，可是龟兆显示并不清晰。占卜的人说是凶兆，姜太公却说依照这个不明晰的兆象举行祭祀虽然不吉利，但进行战争一定能取胜。武王听从了太公的话，最终一举战胜了纣王。从伐纣这样的大事占卜看，似乎还是听从了人意而非神意，所以这也成为王充不信占卜的一个重要依据。

《礼记·礼运》说："麟、凤、龟、龙，谓之四灵。"古时将龟与麒麟、凤凰和飞龙这些传说的神奇动物并列，可见它的地位之高。其实在史前时期，龟在人们的心里已经不是一般的动物，龟甲被用作随葬品，里面盛有小石子，显然是一种算卦工具。再晚一些，还有用玉制成的龟形和龟壳饰品，在玉龟壳中也盛有一些小石子，这已经是一种特别精致的占卜用具了。

从金沙遗址出土的卜甲看，古蜀时代也从中原文化中引入了龟甲占卜的方法。看着那些卜甲上烫烧成的小孔，人们感慨，这些小孔也许和古蜀命运息息相关。有人想象，这些看似简单的卜甲也许曾经决定了古蜀国的走向，它们或决定了战争，或决定了媾和，或决定了迁徙，或决定了收成。特别是在金沙见到的一块长 59 厘米的龟腹卜甲，非常罕见，它一定是在决定古蜀国大事中使用的。

　　　　　　　　　　　　　　　　　　动物有灵

当然也很遗憾，金沙的这些卜甲上并没有文字，我们并不知道它们的占卜结果怎样。不过我们还可以猜想，可能古蜀国埋藏在金沙的大量占卜档案还没有被发现，在未来的发掘中，也未必不会见到刻写有文字的卜甲。因为蜀人从中土学来这种占卜方法时，也一定是想知道并想在上面刻写占卜结果的。不信吗？我们可以等着瞧。

本文原名"龟甲占卜的来由"，发表于《光明日报》2016年1月1日5版。

鱼龙百变

　　中国史前有两个考古学文化发现了较多的鱼纹彩陶，一是半坡文化，一是庙底沟文化。半坡文化中的鱼纹彩陶非常典型，历来受研究者关注。但对于庙底沟文化中的鱼纹彩陶，关注的人却很少。其实在庙底沟文化彩陶分类系统中，鱼纹占有非常重要的地位。庙底沟文化彩陶上的鱼纹有少量为写实图案，其次是抽象的几何化纹饰，更多的是完全几何化的纹饰。辨析这些与鱼纹相关的几何化的纹饰，是本文研究的重点。庙底沟文化广泛流行的叶片纹、花瓣纹、"西阴纹"、菱形纹、圆盘形纹和带点圆圈纹等，大多是拆解鱼纹后重组而成的，这些纹饰构成了一个"大鱼纹"象征系统。揭示这个隐蔽的象征系统，对真正理解史前彩陶的内涵，有十分重要的意义。

　　庙底沟文化的鱼纹彩陶承自半坡文化传统，纹饰体系有了进一步的发展，最后完全图案化。从彩陶艺术表现方式研究，鱼纹的演变经历了观物取象、得意忘象的艺术过程，无象之美成为彩陶最大的魅力所在。

彩陶鱼纹分类与判读

　　庙底沟文化彩陶中的鱼纹，大体分为三种样式：一种为具象，

　　　　　　　　　　　　　　　　　　　　　　动物有灵

写实性很强；一种为变形，介于写实与抽象之间；还有一种为抽象，不过是象征性的符号而已。我们在讨论时，除去具象的鱼纹，称变形鱼纹为典型鱼纹，称抽象鱼纹为简体鱼纹。

鱼纹彩陶是半坡文化的一个重要标志，在陕西地区的不少遗址中都有发现。半坡文化的鱼纹分为两类：一类为写实的具象纹饰，一类为变形纹饰。当然还有一些几何形图案被认为由鱼纹演变而成，但一般并不将它们归入鱼纹之列，因为这些纹饰已经看不出鱼的形体特征了。

受材料的局限，过去我们形成了一种思维定式，由彩陶而论，以为半坡文化以鱼纹为主要特征，而庙底沟文化以鸟纹为重要标志。其实在庙底沟文化中也发现有鱼纹彩陶，而且数量可观。庙底沟文化的鱼纹彩陶，大多与半坡文化的鱼纹彩陶有明显区别，当然联系也是有的。在庙底沟文化中，不仅有单独的鸟纹和鱼纹，也有鸟纹与鱼纹结合的纹饰。最著名的自然是汝州阎村出土的瓮棺上的"鹳鱼石斧图"。[1] 这样的发现也许只能看成是个案，而且上面的鱼纹也是具象图案，不是我们讨论的重点。我们更关注的是庙底沟文化彩陶普遍的变形鱼纹。

庙底沟文化彩陶中写实的鱼纹，其实在陕西西乡何家湾、[2] 铜川李家沟、[3] 河南郑州大河村、[4] 济源长泉等地也都有发现，[5] 基本是以写

1　临汝县文化馆：《临汝阎村新石器时代遗址调查》，《中原文物》1981 年 1 期。

2　陕西省考古研究所等：《陕南考古报告集》，三秦出版社，1994 年。

3　西安半坡博物馆：《铜川李家沟新石器时代遗址发掘报告》，《考古与文物》1984 年 1 期。

4　郑州市博物馆：《郑州大河村》，科学出版社，2001 年。

5　河南省文物管理局等：《黄河小浪底水库考古报告（一）》，中州古籍出版社，1999 年。

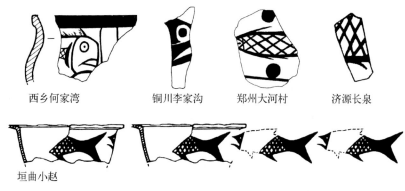

西乡何家湾　　　　铜川李家沟　　　　郑州大河村　　　　济源长泉

垣曲小赵

图1　庙底沟文化时期彩陶上的写实鱼纹

实的方法描绘鱼体，各处构图并不全同，但多用网格线表示鱼鳞，
这是比较一致的手法。在山西垣曲小赵遗址彩陶上见到了最生动的
鱼纹，[1] 可以算是写实最准确的鱼纹（图1）。这些发现表明，庙底沟
人对鱼也相当关注。

　　在陕西华阴南城子、[2] 铜川李家沟和陇县原子头，[3] 发现了庙底沟文
化典型的鱼纹彩陶。庙底沟文化彩陶中这类鱼纹，大体承续半坡文化
鱼纹的绘法，鱼身强调背腹对称构图，涂彩面较大。剪刀形的鱼尾和
鱼鳍对称伸展，长长的鱼嘴张开着，大鳃醒目，但鱼目省略不见。其
实类似的典型鱼纹彩陶片在陕西临潼姜寨的庙底沟文化层中也曾见
到，因为只存留鱼纹中段，所以过去没有辨识出来。[4] 在陕西华县泉

1　中国科学院考古研究所山西工作队：《山西垣曲县小赵新石器遗址的试掘》，《考古》
1998 年 4 期。

2　中国社会科学院陕西工作队：《陕西华阴南城子遗址的发掘》，《考古》1984 年 6 期。

3　宝鸡市考古工作队等：《陇县原子头》，文物出版社，2005 年。

4　半坡博物馆等：《姜寨——新石器时代遗址发掘报告》，文物出版社，1988 年。

护村也有一件鱼纹彩陶，陶片上只见鱼尾的中段，即原报告所称的"两条平行反向曲形黑彩带"，这黑彩带以下有双勾线条，是典型的鱼纹绘法，可以确定是一件鱼纹彩陶，可能是简体鱼纹（图2）。

在庙底沟文化彩陶介于写实与几何形之间的纹饰中，只有这一种鱼纹最富于装饰性，只是它并不是庙底沟人自己创造的构图。庙底沟人自己首创了另一种鱼纹的绘法，非常抽象，我们称为简体鱼纹，它仅存典型鱼纹常见的尾部，身子与头部都已省略，不过前端有一个圆点，大约用它表示鱼头。简体鱼纹在山西、陕西和甘肃均有发现，虽然所见数量并不多，但它的分布范围却很广。简体鱼纹彩陶在晋南翼城北橄、[1] 新绛光村、[2] 洪洞耿壁均有发现，[3] 特点是两尾合拢。在陕西的华阴南城子和扶风案板 [4] 以及甘肃秦安的大地湾见到的简体鱼纹，[5] 两尾张得较开一些（图3）。

在河南灵宝的几个地点都见有鱼纹彩陶，由于陶片过于破碎，发现者当初并没有辨识出来。[6] 灵宝的鱼纹既有典型鱼纹，如小常和永泉埠所见；也有简体鱼纹，如南万村所见。在北阳平，这两种鱼纹都有发现。豫西发现的这些鱼纹与山西、陕西和甘肃地区所见并

---

1 山西省考古研究所：《山西翼城北橄遗址发掘报告》，《文物季刊》1993 年 4 期。

2 山西省考古研究所等：《山西新绛光村新石器时代遗址调查》，《文物季刊》1996 年 2 期。

3 山西省考古研究所等：《山西洪洞耿壁遗址调查、试掘报告》，《三晋考古》第二辑，山西人民出版社，1996 年。

4 西北大学文博学院考古专业：《陕西扶风遗址发掘报告》，科学出版社，2000 年。

5 甘肃省文物考古研究所：《秦安大地湾》，文物出版社，2005 年。

6 河南省文物考古研究所等：《河南灵宝铸鼎塬及其周围考古调查报告》，《华夏考古》1999 年 3 期；黄河水库考古工作队河南分队：《河南灵宝两处新石器时代遗址复查与试掘》，《考古》1960 年 7 期。

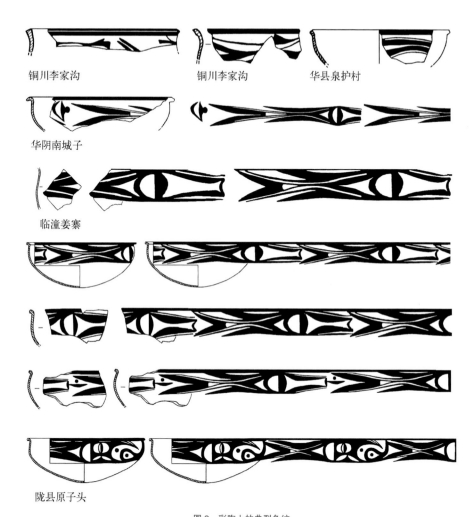

铜川李家沟　　　　　　铜川李家沟　　　　　华县泉护村

华阴南城子

临潼姜寨

陇县原子头

图 2　彩陶上的典型鱼纹

　　　　　　　　　　　　　　　　　动物有灵

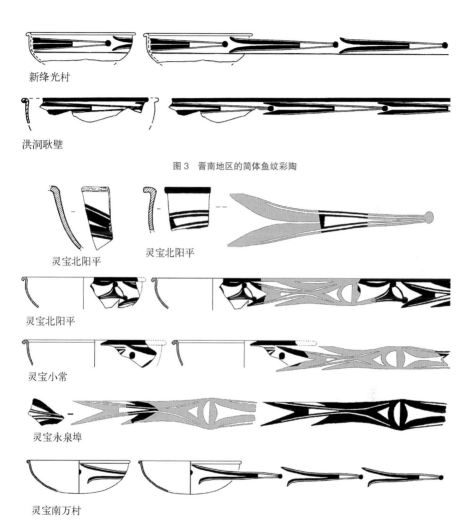

新绛光村

洪洞耿壁

图 3　晋南地区的简体鱼纹彩陶

灵宝北阳平　　　灵宝北阳平

灵宝北阳平

灵宝小常

灵宝永泉埠

灵宝南万村

图 4　河南灵宝几个地点发现的鱼纹彩陶

鱼龙百变　　　　　　　　　　　　　　　　　131

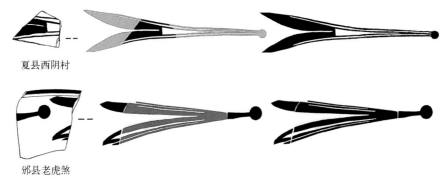

夏县西阴村

邹县老虎煞

图 5 早年发现的简体鱼纹彩陶

无区别（图 4）。

　　彩陶鱼纹图案的确认，是在西安半坡遗址发掘之时。但是鱼纹
彩陶更早的发现，却是在渑池仰韶村和夏县西阴遗址的发掘之时，
当然这两个遗址发现的鱼纹彩陶都比较破碎，发掘者并没有将鱼纹
彩陶辨认出来。西阴村彩陶片上的简体鱼纹，仅存鱼的身尾接合部，
双线勾勒的鱼身轮廓特点明确，可以认定是鱼纹而不是其他。从细
部特征看，它与大多数典型鱼纹不同，却与华阴南城子的发现类似，
剪刀尾之间的夹角特别小，有较长的细夹缝。但是在陶片上并没有
看到应当绘出的鱼鳍。没有鱼鳍，那就不是典型鱼纹，而应当是简
体鱼纹。从这个发现看，在典型鱼纹到简体鱼纹之间，可以看到一
点变化的脉络。[1] 后来石璋如先生在关中地区调查，在邹县老虎煞遗
址也发现了简体鱼纹彩陶，[2] 属于庙底沟文化（图 5）。

1　李济：《西阴村史前的遗存》，清华学校研究院，1927 年；山西省考古研究所：《西阴村
史前遗存第二次发掘》，《三晋考古》第二辑，山西人民出版社，1996 年。

2　石璋如：《关中考古调查报告》，《历史语言研究所集刊》第二十七本，1956 年。

动物有灵

在甘南西汉水与白龙江地区的武都大李家坪、[1] 陇西二十里铺、西和宁家庄和礼县石嘴村、黑土崖和高寺头，[2] 也都见到了典型鱼纹彩陶，它们有的被划归半坡文化范畴，可能时代会晚一些，有的应当属于庙底沟文化（图6）。

在西乡何家湾和华阴南城子都发现了简体鱼纹与典型鱼纹，表明简体鱼纹出现后，并没有完全取代典型鱼纹，它们在一段时间内共存过。南城子的简体鱼纹又是最简的形态，可见两种鱼纹共存的时间不会太短。

事实上完整的鱼纹彩陶发现得并不多，常常见到的只是一些彩陶片。面对这些破碎的陶片，我们往往不能准确地判断纹饰主题，它们一般会被忽略不计。也正是因为这个原因，庙底沟文化彩陶上的大量鱼纹没有得到确认，所得到的印象非常不完整，这严重影响了我们对整个文化彩陶的研究。为引起发掘者更多的注意，我绘制了一张彩陶典型鱼纹与简体鱼纹残片判断坐标图（图7），希望学者们在发现相似彩陶片时能仔细比对，一定会有收获。在这个坐标图上，从鱼头到鱼尾分出了7个坐标区，头眼、身子和尾都分作两区，头与尾的接合部分为1区，可以非常容易地将彩陶片归位。过去在彩陶碎片出土时，可能因为过于破碎，残留的纹饰也过于简单，所以被忽略了，甚至在公布资料时将它们搁置起来。如果这样的彩陶片不被认识，甚或让它们重归尘下，那是一件非常可惜的事情。其

1　北京大学考古学系：《甘肃武都县武都大李家坪新石器时代遗址发掘报告》，《考古学集刊》13集，中国大百科全书出版社，2000年。

2　早期秦文化联合考古队：《西汉水上游新石器时代遗址调查简报》，《考古与文物》2004年6期；甘肃省文物考古研究所等：《西汉水流域考古调查报告》，文物出版社，2008年。

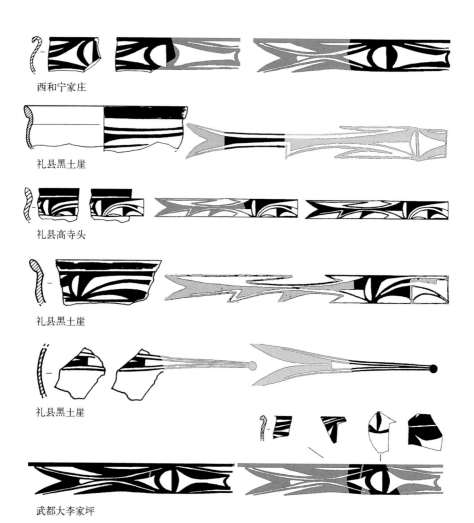

西和宁家庄

礼县黑土崖

礼县高寺头

礼县黑土崖

礼县黑土崖

武都大李家坪

图6　甘肃白龙江和西汉水地区出土彩陶

134　　　　　　　　　　　　　　　　　　　　　　　　动物有灵

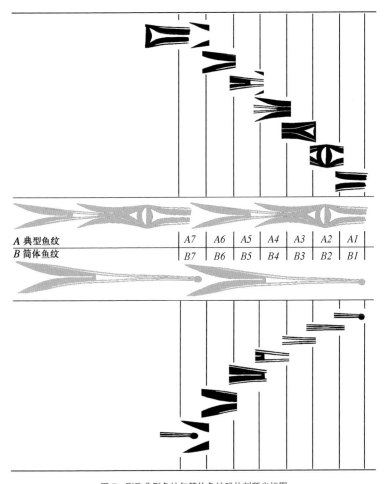

| A 典型鱼纹 | A7 | A6 | A5 | A4 | A3 | A2 | A1 |
| B 简体鱼纹 | B7 | B6 | B5 | B4 | B3 | B2 | B1 |

图 7　彩陶典型鱼纹与简体鱼纹残片判断坐标图

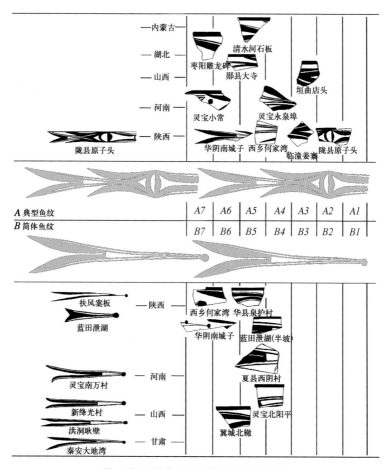

图 8　彩陶上的典型鱼纹与简体鱼纹残片的判断

动物有灵

实鱼纹彩陶片并不难辨认，因为它与庙底沟文化彩陶的其他纹饰区别明显，一般是不会混淆的。

我将现有的一些彩陶残片上的图案归入坐标图中，确认了不少过去不知全形的纹饰，它们原本就是鱼纹（图8）。

鱼纹彩陶的分布

庙底沟文化典型鱼纹和简体鱼纹的分布有明确的范围，鱼纹确是庙底沟文化彩陶一个不容忽略的要素，过去以为它是半坡文化彩陶独有元素的认识需要修正。

发现典型鱼纹的地点，在豫西有灵宝永泉埠、小常和北阳平，晋南有垣曲店头，关中和陕南有西乡何家湾、华阴南城子，陇县原子头、临潼姜寨和铜川李家沟，甘肃有秦安大地湾、武都大李家坪、陇西二十里铺、西和宁家庄，礼县石嘴村、黑土崖和高寺头等处。

发现简体鱼纹的地点，在豫西有灵宝北阳平、南万村，晋南有夏县西阴村、新绛光村、翼城北橄、洪洞耿壁，关中和陕南有西乡何家湾、华阴南城子、华县泉护村、蓝田泄湖、扶风案板和邠县老虎煞，甘肃有秦安大地湾和礼县黑土崖等处。

更北面的内蒙古凉城，在岱海周围发现一些遗址，研究者一般将它们归入仰韶系统，其中有相当于庙底沟文化的遗址，出土一定数量的彩陶。如王墓山坡下遗址最值得关注，[1] 彩陶有宽带彩、双瓣式花瓣纹、网格纹和菱形纹，深腹的盆绘有典型鱼纹，鱼纹构图与

1　内蒙古文物考古研究所等：《岱海考古（三）》，科学出版社，2003年。

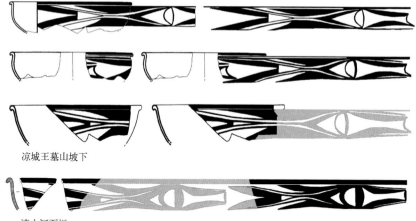

凉城王墓山坡下

清水河石板

图 9　内蒙古南部出土鱼纹彩陶

渭河两岸所见相同。王墓山坡下遗址有的彩陶具有半坡文化风格，发掘者根据整体特征研究，将它归入庙底沟文化时期，碳 14 年代测定的数据也支持这个认识。不远的清水河石板遗址也发现了鱼纹彩陶，它也一直没有被辨识出来。[1] 石板彩陶上的鱼纹应当属于典型鱼纹，这是很重要的发现（图 9）。

在南方也有重要线索，湖北的郧县大寺遗址后来又作过发掘，新近公布的 2006 年的发掘资料中，有一些值得研究的彩陶。[2] 纹饰除了大单旋纹以外，还有标准的鱼纹残片。鱼纹虽然典型，但发掘者并没有辨认出来。枣阳雕龙碑也见到一例鱼纹彩陶片，纹饰仅存

1　中国社会科学院考古研究所内蒙古队：《内蒙古中南部古文化遗址调查》，《考古学集刊》12 集，中国大百科全书出版社，1999 年。

2　湖北省文物考古研究所、湖北省文物局南水北调办公室：《湖北郧县大寺 2006 年发掘简报》，《考古》2008 年 4 期。

半尾，不能判断是典型鱼纹还是简体鱼纹，暂作典型鱼纹看待。[1] 枣阳雕龙碑是庙底沟文化风格鱼纹分布的南限。

典型鱼纹彩陶的分布，是以关中地区为中心的，西及渭河上游与西汉水，东至河南西部，南到陕南与鄂西北，北达河套以北的内蒙古地区（图10）。晋中南地区的庙底沟文化中只见到极少的典型鱼纹彩陶，这可能是工作的局限造成的，也可能是资料未及公布，或是暂时没有辨识出来。

在关中至河套的中间地带，并没有见到典型鱼纹彩陶，我们虽然还不知道这类鱼纹向北传播的过程，但相信河套以北的典型鱼纹彩陶一定来自渭河流域，也相信以后在这一个中间地带会有新的发现来说明这一条传播路线。

分布在汉水、西汉水和豫西地区的典型鱼纹彩陶，也应当来自渭河流域。

典型鱼纹彩陶最初出现的地区，可以确定在渭河流域，但具体在哪一片区域，还值得进一步探索，最有可能在渭河上游一带，在甘肃天水附近。秦安大地湾半坡文化晚期和邻近的陇县原子头庙底沟文化早期层位中出土了较多的典型鱼纹彩陶，这是这类彩陶起源于这一区域的最好证明。

简体鱼纹彩陶的分布范围，没有典型鱼纹那么大，不过除了在河套以北没有见到以外，其他地点与典型鱼纹大体吻合。还有一点不同的是，发现典型鱼纹较少的晋中南地区，见到较多的简体鱼纹彩陶（图11）。

1　王仁湘、王杰主编：《雕龙碑史前彩陶》，文物出版社，2006年。

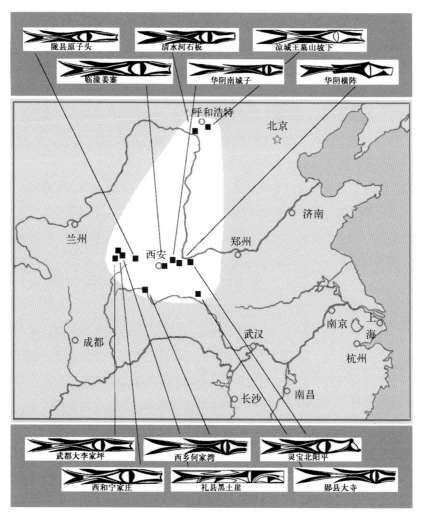

图 10　典型鱼纹彩陶分布范围图

　　　　　　　　　　　　　　　　　　　　　动物有灵

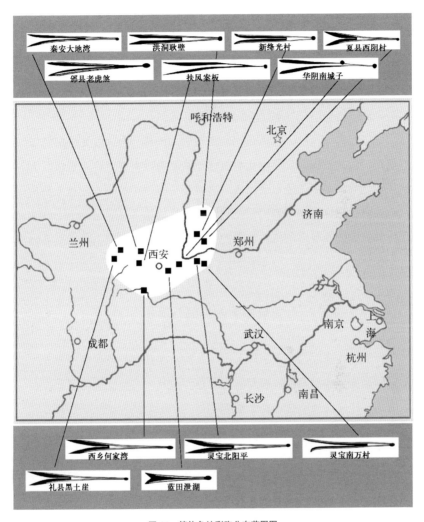

图 11　简体鱼纹彩陶分布范围图

陕西蓝田泄湖的半坡文化彩陶上见有简体鱼纹，[1] 那里的简体鱼纹与庙底沟文化的并无不同。如果这个发现能够确定无疑，说明简体鱼纹在半坡文化时期就已经出现了，当然还不是很流行，所以没有更多的发现。不过泄湖的庙底沟文化彩陶上也见到了简体鱼纹，只是鱼尾极短小，与他处的发现有些区别。

比起典型鱼纹，简体鱼纹的辨识更加困难，因为纹饰结构过于简单，陶片破碎以后很难认出纹饰原貌，所以有可能许多资料因为不被认为重要而未能发表出来。这对于了解这类纹饰的分布范围是个缺憾，也许将来学者们认识到这类纹饰的重要性后会给予更多的关注，会公布更多的资料，我们对它的分布范围也会了解得更准确一些。

鱼纹图案的拆解与简化

半坡和庙底沟文化彩陶都以鱼纹为重要题材，鱼纹表现的方式多种多样，典型鱼纹一般都有头有尾，另有一些鱼纹则出现了许多变化。这里围绕鱼纹的演变展开讨论，将鱼纹的变化重点分为头部、尾部和眼部几部分进行观察。

鱼纹中见到一些特别的情形，就是鱼身与鱼头的分离，有的鱼纹没有头部，有的鱼纹则不绘鱼身，鱼纹图案被拆解开来。在陶工的笔下，彩陶上的无头之鱼与无体之鱼也许各有特别的意义，但它们还是表示着鱼的含义，用鱼的某一部位代表着整体的鱼。这样的

1　中国社会科学院考古研究所陕西六队：《陕西蓝田泄湖遗址》，《考古学报》1991 年 4 期。

　　　　　　　　　　　　　　　　　　　　　　　动物有灵

图 12　山西芮城东庄村半坡文化无体鱼纹彩陶

变化最早出现在半坡文化时期，是鱼纹拆解的开始。

在半坡文化彩陶中，常常见到全形的鱼纹，也见有无体的鱼纹。在西安半坡遗址发现的几例无体鱼纹，有的被认为是正视的鱼头，其中还有一例为双头鱼纹，向左和向右两个鱼头连在一起，没有鱼尾。[1] 这一例鱼纹也可名为连体鱼头纹，是非常少见的鱼纹构图。山西芮城东庄村也发现一例无体鱼纹，[2] 它在一件盆形器上绘成，为二方连续构图的鱼头纹，左右鱼头相对，中间有圆点组成的隔断。鱼头张嘴瞠目，自腮以后没有绘出，就像是从完整的鱼身上切下来的一样（图 12），在其他地点的鱼纹彩陶上见有这样构图的鱼头。

彩陶绘无体鱼纹的用意，也许并无特别的考虑，只是绘法简单，用鱼头来表示鱼，对于史前画工来说，应当是一个很好的创意。这样的创意可能并不仅仅限于以鱼头表示全鱼形，它会启示画工作出更多更大胆的选择，比如绘出鱼尾可以代表鱼形，同样绘出鱼眼甚至鱼唇，用于表示全形的鱼。仅从艺术的角度来说，这样的拆解表现方法是非同小可的，它将图案装饰艺术提升到了新的高度，大量简练精致的纹饰也就在这样的启示下被非常有序地创作出来。

1　中国科学院考古研究所：《西安半坡》，文物出版社，1963 年。

2　中国科学院考古研究所山西工作队：《山西芮城东庄村和西王村遗址的发掘》，《考古学报》1973 年 1 期。

在庙底沟文化彩陶上，还没有见到明确的无体鱼纹，不过相关的更简略的表现鱼形的纹饰却更加丰富，不少纹饰都可以纳入鱼纹系统中来。

彩陶上还有无头鱼纹，鱼身与鱼头的分离，在半坡文化晚期和庙底沟文化彩陶纹饰中是比较常见的一种特别现象。彩陶上有的鱼纹没有头部，有的鱼纹在鱼身前绘有一些特别的图形。最先在西安半坡遗址的彩陶上发现一些无头鱼纹，而且多见双体无头鱼纹，身尾都在，鱼头好似被齐刷刷地斩去了。这种无头鱼纹彩陶，在庙底沟文化中也有一些发现，原本应当有的鱼头失踪了，但在鱼头的位置出现了新的图形，它们取代了鱼头。这样的图形虽然出现在鱼头的位置，但明眼看来却并不是鱼头。不过这类图形后来又独立成纹，不再与鱼身共存，为研究鱼纹的变化指示了一条隐蔽的线索。

见到半坡文化的鱼纹彩陶后，石兴邦先生试图揭示鱼纹变化规律。在编写《西安半坡》发掘报告时，[1] 他注意到了鱼纹简化发展的趋势，认为鱼头与鱼体有分别演变的现象。揭示这样一个发展过程具有重要意义，将一些特别的几何形纹饰与象生形鱼纹联系起来观察，这一方法为后来的一些研究者所效仿。

鱼目的拆解，是鱼纹变化的主要方式之一。从半坡文化与庙底沟文化的发现看，彩陶鱼纹上鱼眼的形状，有空圆圈形，有圈中点睛形，也有偏目形，最常见的还是圆目。仅以甘肃秦安大地湾的发现而言，彩陶鱼纹的鱼眼有圆目，也有偏目，偏目鱼眼数量似乎更多。有的偏目只绘出半个眼珠，个别的甚至绘成半闭着的样子。在

---

1 中国科学院考古研究所编：《西安半坡》，文物出版社，1963年，185页。

　　　　　　　　　　　　　　　　　　　　动物有灵

陕西临潼姜寨的彩陶上又发现，在第三期文化（半坡文化晚期）中，彩陶鱼眼中的圆圈眼与偏目眼共存，而且还有两种鱼眼出现在同一件彩陶上的例证，有一件彩陶钵上就绘有不同鱼眼的鱼纹。

临潼姜寨半坡晚期彩陶上见到的偏目鱼眼并不是个别现象，在好几件彩陶瓶上都绘有类似鱼纹。由于这几件彩陶瓶上的鱼纹比较特别，鱼身曲回，鱼体变形很大，所以不大容易辨认。其中有的鱼身隐没，仅绘出一只鱼眼，纹饰更为简化。特别值得注意的是，这一类鱼眼的外轮廓都绘成方框形，眼睛也略呈方形，作了明显的变形处理（图13）。本来是圆形的眼睛，结果变幻成了方形，可见史前画工在图形处理方面已经有了一定的艺术原则。

彩陶上大量见到的圆形中带点的纹样，它们有可能代表的正是鱼眼，应当是鱼纹的另一种简略的形式。事实上在临潼姜寨遗址，就见有一些以眼睛为主要题材的彩陶，眼形有圆目，也有偏目，其中有的可能就是鱼目。甘肃出土一件彩陶盆，腹面绘正视的鱼头纹，圆圆的双眼之间是阔大的嘴。带点的圆圈形应当就是鱼眼，这样的图形表示的就是鱼纹。值得注意的是两只鱼眼下面的双瓣纹，还有双瓣纹之间的圆盘形纹，它们也都是鱼纹的象征（图14，上）。在甘肃张家川的一件彩陶上见到了明确的偏目鱼纹（图14，下），这样的鱼目是独立存在的，它所代表的当然就是偏目的鱼。[1]这些彩陶的年代介于半坡文化和庙底沟文化之间，后来庙底沟文化彩陶中一些类似的圆圈与圆点构图，有可能真的与鱼目有联系，是鱼纹的一种最简略的形式。

1　郎树德、贾建威：《彩陶》，敦煌文艺出版社，2004年，图19。

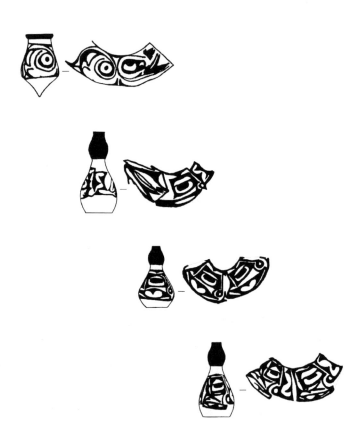

图 13　陕西临潼姜寨遗址彩陶圆目与偏目鱼纹

　　　　　　　　　　　　　　　　　　　　动物有灵

图 14　甘肃出土彩陶上的圆目纹和偏目纹

简体鱼纹，是鱼纹演变的另一个结果。虽然鱼纹的几何化过程在研究者的眼中并不完全相同，但简体鱼纹却是可以看作这种几何化过程中一个重要的环节的，在这一点上大概不会有什么明显分歧。用典型鱼纹作观照，简体鱼纹将鱼头省略成了一个圆点，保留下来的只是剪刀式的鱼尾，鱼身完全不见了。简体鱼纹的鱼尾变化倒不是很大，与典型鱼纹并没有太大区别。但是如果独立观察，会发现简体鱼纹的鱼尾变化非常大，鱼尾不仅绘得很长，分叉也很大，就像两片柳叶。好在典型鱼纹上也有这样的鱼尾，我们可以很有把握地将它认定为鱼纹，而且在同一遗址两种鱼纹上都有见到，辨认并不是很困难（图 15）。

从图案构图的角度来说，简体鱼纹在借鱼尾表示鱼的全形。如果没有典型鱼纹作观照，我们要将如此简化的图形认定为鱼纹会是很牵强的事。事实上，这类简体鱼纹在 20 世纪 20 年代晋南地区的发掘和 40 年代关中地区的调查中就已经发现，只不过当时并没有辨认出来。

彩陶上简体鱼纹出现的最早时代，可能在半坡文化晚期，发现的数量也极少，只有一两例。也许是因为发现太少，所以现有的资料让我们怀疑它的可靠性。如果这一两例忽略不计，那简体鱼纹可以说是专属庙底沟文化彩陶的了。

庙底沟文化彩陶的简体鱼纹与典型鱼纹具有共存关系，它们的时代相差不远。在有些遗址中，见到两类鱼纹共存的例证。推测简体鱼纹是由典型鱼纹演变而成的，是鱼纹的最简化形式。简体鱼纹简化到只存鱼尾，鱼尾拉伸得很长，作了明显夸张的处理。

虽然由典型鱼纹到简体鱼纹的演变脉络可以推测出来，但要找

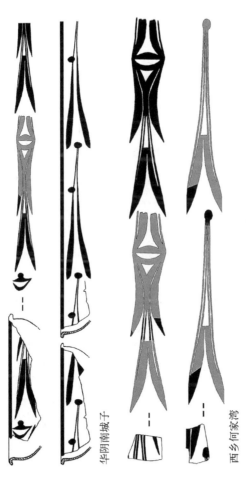

图 15　典型鱼纹与简体鱼纹共存举例

华阴南城子

西乡何家湾

鱼龙百变

到两类鱼纹之间的中间形态，这个过程似乎并不那么容易，不过这是证明这种演变发生过的坚实证据。由简体鱼纹的变化，可以寻找到一些渐变迹象，将典型鱼纹和简体鱼纹进行比较，可以看出两者在形态上的不小差别。我们怀疑两者之间一定有过渡状态的鱼纹形态。一般简体鱼纹的鱼尾，比典型鱼纹鱼尾的分叉明显，但从个别例证看，分叉也有不明显的，表明两者之间具有密切联系的关键点。再进一步观察，会发现多数简体鱼纹的鱼尾呈反剪形，像是反装的两片剪刀，上下都有一条单线勾勒，一直延伸到与圆点形的鱼头连接，这是标准的简体鱼纹样式。但还有更明显变形的简体鱼纹，鱼尾不再是剪刀样式，更像是飘扬的两片树叶，上下勾勒的线条也省略了（图16）。

在临潼姜寨遗址，见到典型鱼纹与简体鱼纹共存一器的例证。在一件小型尖底器上绘有并列的两类鱼纹，左为简体鱼纹，右为典型鱼纹。有意思的是，两类鱼纹绘作跳跃状，不过其中的简体鱼纹比一般的简体鱼纹要复杂一些，而典型鱼纹又比一般的典型鱼纹更简略一些。主要的区别在于简体鱼纹的头部并不是常见的一个圆点，而是在圆圈中绘一圆点；典型鱼纹鱼体完全省略，鱼头与鱼尾接合在一起（图17）。

姜寨遗址这件器物的年代，正在半坡文化晚期，在庙底沟文化之前。根据姜寨的这个发现，我们可以绘出两种过渡形态的鱼纹（图18），由典型鱼纹向简体鱼纹演变的中间形态有了，演变的完整图式也就有了。

鱼纹构图的变化多端，在彩陶上有许多线索可寻，而变化最大的当然还在鱼纹的头部。鱼纹的头形、眼形和嘴形，都有许多变化，

　　　　　　　　　　　　　　　　　　　动物有灵

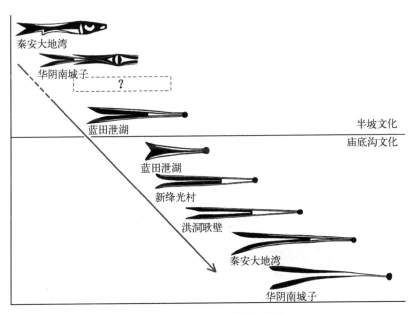

秦安大地湾

华阴南城子

?

蓝田泄湖

半坡文化

庙底沟文化

蓝田泄湖

新绛光村

洪洞耿壁

秦安大地湾

华阴南城子

图 16　彩陶典型鱼纹到简体鱼纹的演变

鱼龙百变

图 17　临潼姜寨遗址出土典型鱼纹与简体鱼纹共存彩陶

　　　　　　　　　　　　　　　　　　动物有灵

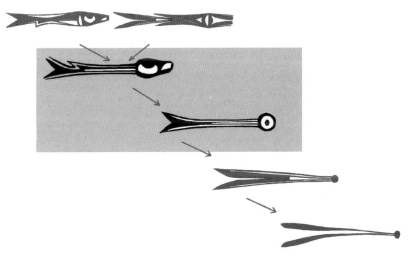

图 18　典型鱼纹向简体鱼纹演变的中间形态

变化后的图形完全几何化后，又被作为新纹饰元素重新组合，与原有的本体纹饰有了明显不同，呈现出全新的面貌。

从半坡文化彩陶的完形鱼纹头部，可以看到一个弯角状的飞白形状，它表示的是鱼张开的嘴。半坡鱼纹嘴形有一些变化，其中一种为黑白对比式，也是弯角状，但绘成一黑一白的样子，形成鲜明的对比。不仅鱼纹的眼可以单独拆解为纹，鱼唇轮廓也是彩陶表现的一个重要主题，也可以拆解为单独的纹饰元素。

将这类鱼纹中的鱼唇纹饰提取出来，仔细观察一番，我们会有更多的发现。首先，典型的人面鱼纹的阴阳头当初也许给了画工灵感，类似的鱼唇样式似乎借用了这个构图，两相比较，非常接近（图19，a）。鱼唇纹提取出来后，又被作为新的元素，重新构成另外的纹饰，最典型的是取用这种元素再作对称构图，有时还以斜对称的方式出现，表现手法相当灵活（图19，b）。有时鱼唇纹会与其他纹饰组合，以更加复杂的形式出现（图19，c）；有时又只用这一纹饰构图，绘出简单的二方连续图案（图19，d）。

彩陶鱼纹唇部的变形与元素提取，大大丰富了庙底沟文化彩陶的艺术表现力。在许多彩陶盆的腹部和唇面上，都见有这样特别的鱼唇纹，也常常呈明显的黑白对称形式。这种对称，有时又以类似倒影的形式出现，有一种特别的韵味。不过当观察一定数量的标本后会发现，尤其当我们的视线只落在地纹上时，会发现这鱼唇纹其实是两种元素的组合，一是弧形边的叶片，一是一端齐一端尖的弯角。这样的组合，在秦安大地湾遗址的人形彩陶瓶上也能见到，人形满绘的纹饰，主要是圆盘形纹与鱼唇形纹，都是变体鱼纹头部见到过的元素。这样看来，对于史前人而言，这件彩陶瓶就是一件图

秦安大地湾   西安半坡   a

秦安大地湾   秦安大地湾   b

秦安大地湾   华阴南城子   c

秦安大地湾   夏县西阴村   d

图 19   彩陶鱼纹唇部的变形与元素提取

鱼龙百变   155

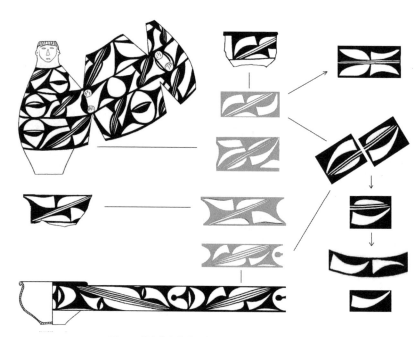

图 20　甘肃秦安大地湾半坡文化彩陶中的西阴纹因素

动物有灵

半坡文化

庙底沟文化

芮城东庄村　秦安大地湾　秦安大地湾

宝鸡福临堡　芮城西王村　芮城西王村

华县泉护村　秦安大地湾　长安客省庄

图21　半坡文化与庙底沟文化彩陶中的西阴纹比较

鱼龙百变

案已经几何化的鱼纹瓶（图 20）。

鱼唇轮廓上的弯角状图形，我们并不陌生，它就是所谓的"西阴纹"。在半坡文化中，由独立的弯角状元素作二方连续图案的彩陶并不多见，但到庙底沟文化时期，这种被学者称为西阴纹的纹饰传播的范围就相当大了，构图也发生了一些变化，增加了一些修饰（图 21）。

我们在大地湾遗址半坡文化彩陶中发现了不少西阴纹因素，但它在多数情况下并没有单独出现，更多地保留了鱼唇纹的构图。庙底沟文化彩陶中的西阴纹就不同，它更多的时候独立成纹，组成二方连续纹饰，当然也会增加一些简要的附加纹饰，构图也有诸多变化。庙底沟文化彩陶典型的西阴纹主要有两式：一式是纯粹的二方连续构图，没有任何附加元素；另一式增加了隔断，隔断的变化很多（图 22）。

对于具有弯角形状的西阴纹，它的来历让人百思不得其解。经过这样的观察，我们觉得西阴纹就是由鱼唇轮廓变化而来的。从另一个角度看，它又有可能与人面鱼纹有关，是由人面头形取舍的一

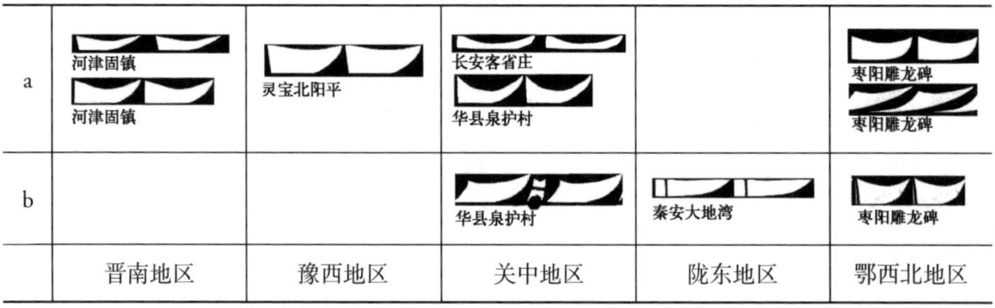

a	河津固镇 河津固镇	灵宝北阳平	长安客省庄 华县泉护村		枣阳雕龙碑 枣阳雕龙碑
b			华县泉护村	秦安大地湾	枣阳雕龙碑
	晋南地区	豫西地区	关中地区	陇东地区	鄂西北地区

图 22　庙底沟文化彩陶典型西阴纹

个结果。对于"西阴纹"的研究，过去基本没有什么结论，现在看来，它是鱼唇图形的局部轮廓的可能性最大。西阴纹脱离鱼纹本体以后，以反复循环的二方连续构图出现，它完全没有了鱼纹的特征，成为一种非常简练的符号。

我们注意到，变形的鱼唇其实是由叶片与弯角形两个图形元素构成的，而且都以地纹方式绘出。弯角形成为流行的西阴纹的同时，叶片纹也没有被舍弃，它最终演变成了花瓣纹。花瓣纹的完形是四瓣式花瓣纹，它在半坡文化中已经完成了构形，到庙底沟时期成了广泛流行的另一种重要纹饰（图23）。

鱼唇图形中叶片与弯角两相分离，新造出两大纹饰系统，即花瓣纹与西阴纹系统。这样的分解与重组，是彩陶重要的构图规则。

不论西阴纹还是花瓣纹，与鱼纹本体都有非常密切的联系，它们都可以看作是鱼纹的简化符号。在庙底沟人的眼里，这两种纹饰应当都是被当作鱼纹接受的。如果这个推论成立，我们对彩陶的理解可能可以向前迈出很重要的一步，这也同时给了我们一个启示，彩陶上许多几何纹饰，都有必要重新认识，它们可能包含相当隐晦的象征意义。

得意忘象：鱼纹的替代与重组

绘画艺术的境界，有形似和神似之分。如果两相比较，神似也许可以看作是至高的或者是终极的境界。当然也有形神兼备之说，那也是一种境界，不过也是相对而言的，要把握有度并不容易。"得意忘形"这个词，可以作为中国艺术一个很高的境界，或者可以说

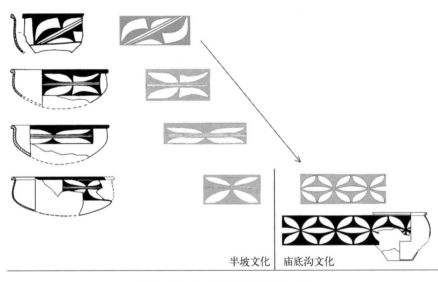

半坡文化 | 庙底沟文化

图 23　秦安大地湾遗址彩陶中花瓣纹的演变

　　　　　　　　　　　　　　　　　　　　　　　　动物有灵

一个至高的境界，这便是神似的境界。不论是绘画还是书法，传写其神，不求形似，得其意而已。这所谓的"形"，是指表达的形式，也指表达的对象。所以在这里我将得意忘形这个词变换了一个字，改作"得意忘象"，也许这样更贴合我要表达的意思，也更贴合古代中国艺术那个至高的境界。当然得意忘形这个词，还有另外一层意思，即形容一个人心意得到满足而高兴得失去常态，自然有些贬义在内，又当另论了。

得意忘象，用来说明彩陶上那些可能已经具有象征性的几何形纹饰，太贴切不过的。画工们将他们心中所要表达的意象，用简单的几何形表现出来，既简明、朴实，又含蓄、神秘。这胸中的意象，本来可能是实有所指的，可是描绘出来时却完全没有了实际的形象，这样的艺术化过程，就是一个得意忘象的过程。当然这个过程经历的时间也许是漫长的，经过了许多代画工的传承与改变。

有一种比较流行的说法认为，彩陶中的几何图形，很多都是由象生图案演化而成的。研究者对某些图案作过排列分析，发现有些象生图案经过不断变形和变化，最终简化得非常精练，成为新的几何纹饰。纹饰虽然简化了，却依然可以判断出它的源头，形体已无，意象却还存在。要确定这样的一个变化过程是否出现过，寻找那些介于象生形与几何形之间的纹样标本至关重要。过去一些研究者在这方面作出了许多努力，有不少成果令人瞩目。

在庙底沟文化彩陶中，常常出现在无头鱼纹的鱼头位置上的，最主要的是一种双瓣花瓣纹与圆盘形组合。如在陕西陇县原子头的一件鱼纹彩陶盆上，双瓣式花瓣纹与中间绘有圆盘形的圆形组合在一起并出现在鱼头的位置，而鱼头却没有绘出。这里也许透露出了一个重要的信息，中间绘有圆盘形的圆形与双瓣式花瓣纹在一起，这是一个非常特别的纹饰组合。

就是这样的一个组合形式，将双瓣式花瓣纹与鱼纹连接在了一起。原子头这样的组合，其实并不是孤例。查秦安大地湾半坡文化彩陶，至少有三件彩陶片绘出了同样组合的纹饰，而且都在鱼纹的鱼头位置绘有圆形与花瓣纹组合。只是因为陶片过于破碎，发掘者没有将纹饰的原形复原出来。大地湾半坡文化彩陶上见到多例与原子头鱼纹相同的彩陶，表明这种纹饰组合在半坡文化时期（应当是在末期）就已经出现了（图 24）。

到庙底沟文化时期，圆盘形与双瓣式花瓣纹组合脱离了鱼纹的鱼体，与其他一些元素构成新的组合。而且双瓣式花瓣纹本体也出现了一些值得注意的变化，重圆圈形或大单旋纹取代圆盘形图案，形成两种新的组合，但它们与原来的构图依然固守同样的风格，类似彩陶在豫、陕、甘都有发现。湖北枣阳雕龙碑彩陶上的双瓣式花瓣纹，与中原所见并无二致，它与单旋纹组合，与重圆圈形组合，从构图到布局都没有发生什么明显改变。处在河套地区的内蒙古清水县庄窝坪和准格尔官地，都见到了双瓣式花瓣纹彩陶。庄窝坪还见到一件深腹彩陶罐，绘双瓣花与重圆形组合，以一正一倒的方式排列，与大地湾和雕龙碑见到的同类纹饰非常接近（图 25）。

我们将圆盘形与双瓣式花瓣纹再分开进行考察。在半坡文化彩陶上已经见到典型的双瓣式花瓣纹。在秦安大地湾的半坡文化彩陶上，见到不少于三例的双瓣式花瓣纹。这时的双瓣式花瓣纹已经是一种定型纹饰了，绘得非常工整，与庙底沟文化的同类纹饰没有明显区别。这表明双瓣式花瓣纹出现很早。将半坡、庙底沟和后庙底

　　　　　　　　　　　　　　　　　　　　　　动物有灵

陇县原子头

秦安大地湾

秦安大地湾

秦安大地湾

图 24　彩陶上无头鱼纹头部的纹饰

华阴南城子

华阴南城子

秦安大地湾

秦安大地湾

图 25　圆盘形纹与不同纹饰的组合

沟文化的双瓣式花瓣纹放在一起比较，三个时期并没有发生太大变化。而就组合型的双瓣式花瓣纹，庙底沟文化显然也承续了半坡文化的传统，二者没有明显不同。而与重圆圈形和旋纹同组的双瓣式花瓣纹，则是在庙底沟文化时期才开始出现的，这样的彩陶在后来传播到了外围文化，河套与长江流域都发现了同类纹饰组合。

除了双瓣式花瓣纹，取代鱼头的还有圆盘形纹。我们注意到庙底沟文化彩陶上经常见到一种圆盘形纹，这是一种很重要的纹饰，在过去的研究中注意不够，它甚至还没有一个通行的名称。现在用"圆盘形纹"，其实并不贴切，暂且这样称呼。所谓圆盘形纹，是在地纹的圆圈中单绘出来的一种图案元素，最常见的是一种飞盘状，一边略平缓，另一面凸起，凸起的一面用色涂实。当然也有的构图有明显变化，如山西夏县西阴村和汾阳段家庄所见，凸起的一面已经不再是圆弧形，变成了尖状形，左右伸展如翅，上方有一圆点如鸟首，难怪有的研究者将这图形看作象形的飞鸟（图26）。

在陕西华县泉护村，彩陶上也有这种形如飞盘的图形。在西乡何家湾，彩陶上见到标准的圆盘形纹，绘在四瓣式花瓣纹之间的圆形中。在华阴南城子和秦安大地湾的彩陶盆上，有非常标准的圆盘形纹饰，它的上方还绘有一个圆点。大地湾还有叠绘的圆盘形纹，两个圆圈上下并列，圆中绘相同的圆盘形纹。在华阴南城子和华县西关堡，彩陶上的圆盘形垂直出现在圆圈中。在同一器上，圆盘形纹既有横行的，也有竖列的。这种重叠并列的圆盘形纹也见于陇县原子头的彩陶罐，并列的横行圆盘形纹多达四组，感觉更为张扬。原子头也有双联的圆盘形纹和竖列的圆盘形纹。圆盘形纹一般都绘在地纹圆圈纹中，这种固定的图案单元一般不会单独出现，而作为

秦安大地湾

秦安大地湾

河津固镇

枣阳雕龙碑

清水河庄窝坪

图 26　双瓣式花瓣纹与圆盘形纹组合及变异

　　　　　　　　　　　　　　　　　　　　　　动物有灵

纹饰组合中的一元出现。它常常出现在各种复杂的旋纹组合中，有时也与一些简洁的纹饰组合在一起。

将圆盘形纹饰进行比较，可以区分几种不同的样式。这种图形出现时的方向并不一致，一般以横平方向为多，而且明显凸起，完全涂彩的那一面向着下方，留白的一面则向着上方。也有少数图形出现时呈垂直方向或略微倾斜的样式，倾斜时涂彩凸起的一面也朝向下方，而垂直时涂彩凸起的一面朝向左方，个别也有相反的情形。横行的圆盘形纹常有圆点配合，圆点使纹饰单元产生一种生动感。

这种特别纹饰的构图，过去并不清楚它的来历，也不明白它所具有的象征意义。不过现在有了一些值得注意的线索。在华阴南城子和陇县原子头，圆盘形纹饰出现在鱼纹的头尾之间，说明它与鱼纹之间有一种内在的联系。而在秦安大地湾和陇县原子头，在无头的鱼纹中，本该绘鱼头的位置上出现了圆盘形纹饰，这就更有意思了（图 27）。

彩陶鱼纹的鱼头失踪之后，取而代之的主要是双花瓣与圆盘形纹饰组合，表明这两种纹饰与鱼纹有着紧密的联系，或者可以说，它们本是代表鱼头的。在它们独立成纹时，或者在纹饰有所变异时，也许依然是鱼纹的一个象征符号（图 28）。

彩陶鱼纹的整体演变，基本循着两条脉络，一是线形的，一是块形的。简体鱼纹的演变可以列入线形脉络。下文将要讨论的，则是鱼纹块形脉络的演变例证。

鱼纹除了头部的拆解重组和尾部的简化外，体部也有明显的变形处理。当"体"也失去了原型的时候，图形就完成了一次升华，

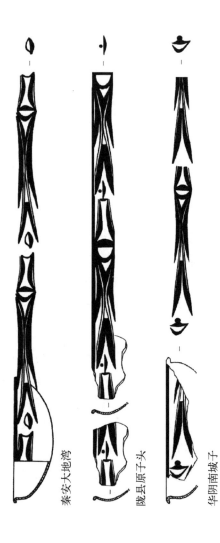

秦安大地湾

陇县原子头

华阴南城子

图 27　彩陶上与鱼纹同在的圆盘纹

动物有灵

秦安大地湾

秦安大地湾

枣阳雕龙碑

河津固镇

秦安大地湾

图28　从鱼纹扩展出来的图案

鱼龙百变

这便是一种"无形之象"。原型不存，但原本的意义却依然保留着，也就是说外形虽然已经改变，但象征意义并没有改变。象征类纹饰完成几何化的转变之后，焕发出一种新的魅力，这也许是彩陶几何纹饰吸引人的力量之所在。

在半坡文化彩陶上见到的黑白相间的菱形纹，石兴邦先生认为它可能是鱼体纹饰演变而来的。石兴邦先生在《西安半坡》报告中绘了一些演变图式，并认为无头的鱼体纹演变成了黑白相间的菱形纹；半黑半白的鱼身纹被几何化后，变成了黑白相依的菱形纹。这两种菱形纹稍有区别，以后一种构图更加典型，流行的范围也更广一些。

彩陶上的菱形纹，黑白相间，均衡对称，构图非常严谨。乍一看觉得它不大像是古老时代的作品，它甚至带有一种现代感，这是彩陶时代的一个杰作。不论在半坡文化彩陶还是在庙底沟文化彩陶中，都见到了这种精彩的菱形纹，菱形的构图与色块的组织也都相似，艺术表现手法一脉相承，表明它们应当具有同一来源。当然这种继承也并非一成不变，庙底沟文化彩陶的菱形纹显得更为丰满，纹饰单元之间常常添加由另外纹饰组成的隔断，看起来更加多姿多彩（图29）。

我们大体相信，彩陶上美妙的菱形构图的来源可能与鱼体图形有关，但是我们也不必回避这样的问题，在象征鱼纹向菱形图案演变的过程中，还是缺乏足够的中间图案形态的证据。菱形纹与鱼纹之间，过渡的间隔还是跳跃得太大了一点。

不过甘肃的合水遗址中见到了与鱼尾同在的菱形纹，透露出了菱形纹与鱼纹之间的密切关系。这件彩陶标本见载于郎树德和贾建

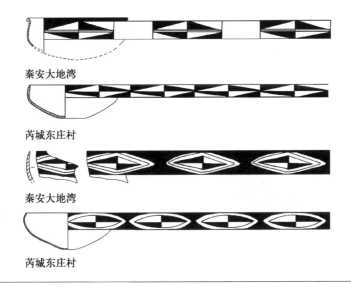

秦安大地湾

芮城东庄村

秦安大地湾

芮城东庄村

半坡文化

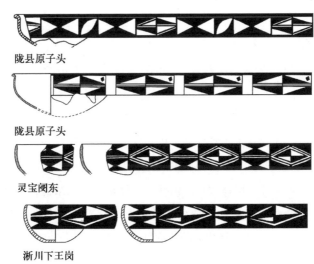

陇县原子头

陇县原子头

灵宝闾东

淅川下王岗

庙底沟文化

图 29　半坡与庙底沟文化的菱形纹彩陶

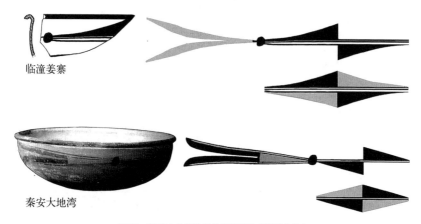

临潼姜寨

秦安大地湾

图 30　彩陶上的简体鱼纹与三角纹（菱形结构）

威先生的《彩陶》一书中，[1] 它其实是在一个简体鱼纹的前面，连接了一个还并不完整的菱形纹。要特别注意的是，画面上出现的菱形纹，仅仅是两个斜向对称的直边三角形纹，另外的两个直边三角并没有将斜边用线条封闭起来，我们需要想象这条边的存在才能体味出完整的菱形纹来，我想可以称它为"会意的"菱形纹（图 30，下）。这件彩陶的时代应当属于半坡文化。会意的菱形纹比起完整的菱形纹，显得更加生动含蓄，更富于艺术感。这样的纹样构成非常独特，但并非孤证，类似的发现还可以举出一例，它出自临潼姜寨遗址，是一件彩陶钵残片。由残片纹饰复原出的结构，与合水遗址所见完全相同，在一个简体鱼纹前面，绘着一个会意的菱形纹（图 30，上）。这件彩陶片上的鱼纹虽然残缺，但我们相信它原本是一个简体鱼纹。

1　郎树德、贾建威:《彩陶》，敦煌文艺出版社，2004 年，彩图 22。

　　　　　　　　　　　　　　　　　　　动物有灵

这两个证据也许可以说明，菱形纹与鱼纹之间有割不断的联系，这联系很明确，也很紧密。过去推断鱼纹向菱形纹演变的种种努力，似乎还有欠完满之处，但现在有了这样的证据，即使过去的推论并无可取之处，也不能否认鱼纹与菱形纹存在紧密联系。我们虽然还不能非常肯定，菱形纹就一定是鱼纹某个部位的几何化图像，但可以认定菱形纹所指代的就是鱼纹，彩陶上的菱形纹一定具有鱼纹的含义。

　　这样一来，我们似乎可以理出有关菱形纹的出现的更清晰一点的脉络来。虽然菱形纹至少有四种不同的样式，但彼此应当是有联系的，它们应当都是鱼纹的替代纹饰。周边没有衬托色块的菱形是单纯的菱形，也可以说是基本的菱形构图。这种独立的菱形纹虽然不多见，但却很典型，我们将它归为a式。a式来源于更简单的两个斜对称构图的直边三角，在这个构图基础上用边线连接成另一对斜对称的地纹直边三角，从而构成一个典型的菱形纹，我们在前面已经提及。b式菱形纹是a式的扩展，是在a式的外围再结出相应的直边三角，将菱形纹包纳在中间。画工在绘制图案时，特别注意将黑白（红）两色交错分布，构图井然。当然，没有这样的双色交错，也不可能构成对称的菱形纹。a式与b式一样，在菱形的中间留有横向的分割带。c式和d式却没有这样的分割带，斜对称的色块紧紧连接在一起。在菱形外围构图上，c式与b式完全相同，它的外围也用交错的黑白三角纹包围。从c式到d式又有变化，菱形的构图相同，但外围包裹的不再是交错的黑白三角纹，而是衬着一个全黑的背景（图31）。

　　对于史前人来说，彩陶上的纹饰在经历了许多的变形与简化之

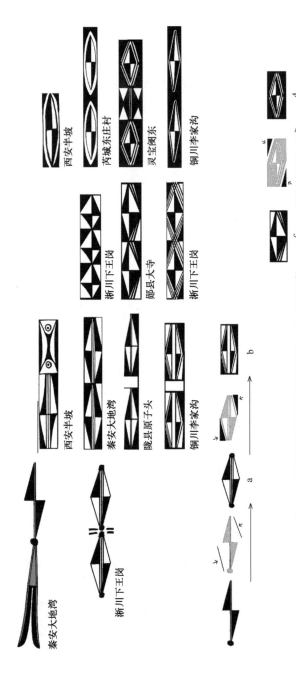

图 31 彩陶鱼纹向菱形纹演变的另类推测

动物有灵

后，虽然没有了原先的轮廓，但并没有变得陌生。经历了千百年的传承，它的含义，它的象征，一定还保留着。对于这种变化，在这里我们用"形离神存"来作说明，形体早已迷失，象征性依然保留着，这就是彩陶纹饰几何化的意义所在。

符号：鱼纹演化的目标

史前彩陶上的纹饰，以几何形居多，象形者极少，这本身就是一个很值得关注的现象。象形图案很少，并不是说这样的图案绘制很困难，其实规范的几何纹饰比起并不严格的象形图案绘制难度一定更大。很显然，史前人并不是由难易出发进行的选择。我们必须改变角度来思考这个问题。只有这样一个可能，史前人要以一种比较隐晦的方式来表现彩陶主题，不仅要采用地纹方式，更要提炼出许多几何形元素。也许他们觉得只有如此才能让彩陶打动自己，打动自己之后再去感动心中的神灵。

彩陶上无鱼形却象征鱼的大量纹饰，应当就是在这样的冲动下创作出来的，它们是无鱼的"鱼符"。鱼符在彩陶上看来有若干种，变化很多，区别很大，是通过拆解纹饰的途径得到的。张朋川先生认为，到了半坡晚期，鱼纹的表现采用了示意性的象征手法：

鱼纹常以分解和复合这两种形式出现。作分解形式的鱼纹，多将鱼的头和身子分开，各自经过概括变形成为几何形纹样。

他认为花瓣式纹样和黑白相间的菱形纹样，正是由鱼身变化而成

鱼龙百变

的。[1] 通过本文对鱼纹所作的探索，我们对鱼纹的演变有了更深入的了解，将新发现的纹饰演变脉络作一番梳理，可以绘出几幅新的鱼纹演变图来。

在图中可以看出，全形鱼纹在完成由典型鱼纹向简体鱼纹演变的同时，又创造出了均衡对称的菱形纹，菱形纹属于结构严谨的直边形纹饰系统（图32）。

变形鱼唇在拆解后，分别生成了西阴纹和花瓣纹，这是庙底沟文化彩陶非常重要的两大弧线形构图系统（图33）。

鱼纹头部的附加纹饰拆解后，分别提炼出了旋纹、圆盘形、双瓣花和加点重圈纹等元素，构成了庙底沟文化点与圆弧形彩陶纹饰体系，组合出了更多的复合纹饰（图34）。

这样看来，许多纹饰都能归入鱼纹体系。鱼纹的拆分与重组，是半坡文化与庙底沟文化彩陶演变的一条主线，这条主线还影响到两个文化的时空之外。彩陶上有形与失形的鱼纹，在我们眼中完全不同，也许对于史前人而言，它们并没有区别，它们具有同一的象征意义，有着同样大的魅力。作为"百变金刚"的鱼纹，我们已经想象不出它为史前人带去了多少梦想和慰藉。

"大象无形"，鱼纹无形，鱼符无鱼，这种变化让我们惊诧。

循着艺术发展的规律，许多彩陶纹饰经历了繁简的转换，经历了从有形有象到无形无象的过程。从鱼纹的有形到无形，彩陶走过了一条绚烂的道路。

在考古中发现的彩陶，不论时代早晚，纹样一般都是几何形，

1　张朋川：《中国彩陶图谱》，文物出版社，1990年。

　　　　　　　　　　　　　　　　　　　　　动物有灵

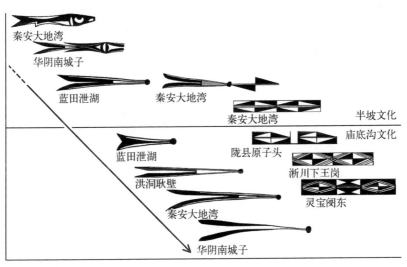

图 32　彩陶鱼纹的演变之一

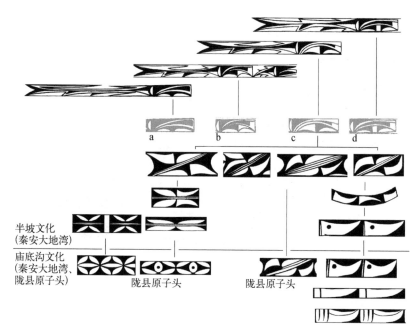

半坡文化
(秦安大地湾)

庙底沟文化
(秦安大地湾、
陇县原子头)

a   b   c   d

陇县原子头   陇县原子头

图 33　鱼纹头部的局部扩展之一

除注明者均大地湾出土

动物有灵

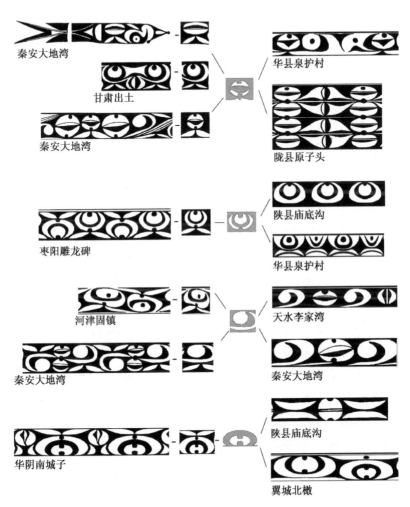

秦安大地湾

甘肃出土

秦安大地湾

华县泉护村

陇县原子头

枣阳雕龙碑

陕县庙底沟

华县泉护村

河津固镇

秦安大地湾

天水李家湾

秦安大地湾

华阴南城子

陕县庙底沟

翼城北橄

图 34　彩陶鱼纹头部的分解与重组

鱼龙百变

主要元素无非点、线、方、圆和三角之类。直观告诉我们，由几何形元素构成的图案，它们应当都是一种抽象的表现，许多几何形纹饰都有特别的来历。

关于彩陶上几何形纹饰的产生，过去的研究似乎已经有了定论，即大量的几何形纹饰都来源于象形纹饰，是象形纹饰逐渐简化的结果。到了后来，纹饰简化到只表现局部特征，而且明显夸张变形，意存而形已无，得其意而忘其象隐其形矣。纹饰如何简化，简化的原则是什么，是否完全依从由抽象到象征变化的规律，这样的问题还需要研究。我们发现，彩陶纹饰不仅有象形与抽象纹饰的结合现象，更有纹饰的替代现象，这样的结合与替代是象征性的改变或是延展，还有待进一步的研究。

从半坡和庙底沟文化彩陶鱼纹看，简化到只表现局部特征，明显夸张变形，意存形无，这是简化的又一重要原则，可以说是更高层面的艺术表现。

人类善于制造和使用各类符号，用符号交流思想和认识事物，表达特定的含义，传递丰富的信息。所以有人说，制造和运用符号是人类的基本特征之一，这也是人类文化的重要体现。彩陶上大量的几何纹饰，大多都是这样的人造符号，而且不少符号都是由写实的纹饰简化而成的。一个符号制作出来的同时，也经历了认同的过程，只有被认同，符号才有传播信息的功能。当那些最早的模仿因素被历史完全淘汰，它就完成了一个从量变到质变的过程，程式化的符号也就不再是模仿对象的再现，而成为一种逻辑式的抽象表现。彩陶鱼纹的变化，正经历了这样的符号化过程，虽然还有鱼的含义，但却没有了鱼的形态。

　　　　　　　　　　　　　　　　　　　　　　　动物有灵

彩陶鱼纹几何化以后，变成了若干种符号，它们大多失去了鱼的形体。这种演变本身就具有非常重要的文化意义。我们可以将彩陶纹饰的演变放到符号学范围内进行考察，这有助于进一步理解史前彩陶的意义。研究符号首先要作分类。吴越民先生2007年发表《象征符号解码与跨文化差异》一文，提到美国符号学创始人皮尔斯关于符号的三分法思想，将符号分为图像符号（icon）、指索符号（index）和象征符号（symbol）三大类。

图像符号的表征方式是符号形体与它所表征的符号对象之间的肖似性。这就是说，图像符号的符形是用肖似的方式来表征对象的。指索符号的表征方式，是符号形体与被表征的符号对象之间存在着一种直接的因果或临近性的联系，使符号形体能够指示或索引符号对象的存在。由于指索符号的这一特征，使得它的符号对象总是一个确定与时空相关联的实物或事件。象征符号的符号形体与符号对象之间没有肖似性或因果相承的关系，它们的表征方式仅仅建立在社会约定的基础之上，是基于传统原因而代表某一事物的符号。[1]

由彩陶纹饰看，既有图像符号，也有象征符号，前者是象形类纹饰，后者是几何类纹饰。至于指索符号的有无，在彩陶上还不能确指，还需要更深入的研究。

在彩陶上大量绘制的是具有象征意义的纹饰，这也许可以称为"象征行为"。就像吴越民先生指出的那样：

---

[1] 吴越民:《象征符号解码与跨文化差异》,《浙江大学学报（人文社会科学版）》2007年2期。

透过符号具体形象的表层意义赋予某种特定的象征意义,以传递与符号具体形象相似或相近的观念、思想,或寄托某种特别的感情,我们称为象征行为。那个具有象征意义的符号叫象征符号。象征符号是具有至少双层意义的符号,第一层是符号的本意,即理性意义;第二层是符号经过类比或联想获得的具有象征性价值的意义,即象征意义。[1]

吴越民先生对象征符号的存在背景也有讨论,他说:

象征符号也只有在传播的互动中才能实现价值,传受的任何一方出现不协调,符号就会失去象征意义。没有传受双方的互动关系,也就没有什么象征意义。在这里"意义—互动—解释"正是象征意义得以产生和实现价值的三个前提性的环节。[2]

博厄斯也说:

不论是绘画或造型艺术中的几何纹样,还是音乐中的旋律或乐句,只要具有某种含义,就能唤起人们一定的感情甚至观念。……只有某些众所周知的,具有一定意义的象征符号才能产生象征艺术的效果。[3]

1　吴越民:《象征符号解码与跨文化差异》,《浙江大学学报(人文社会科学版)》2007年2期。

2　吴越民:《象征符号解码与跨文化差异》,《浙江大学学报(人文社会科学版)》2007年2期。

3　〔美〕弗朗兹·博厄斯著,金辉译:《原始艺术》,贵州人民出版社,2004年,239页。

动物有灵

通过某些彩陶纹饰的传播，而且是大范围的传播，人们在纹饰的含义与解释上建立了互动关系，发明者是最早的传播者，受播者又会成为传播者。彩陶原来存在的文化背景，也随着纹饰的传播带到了新的地方。当某些彩陶纹饰传播到不能生根的地方，互动关系终止。也就是说，如果不能解释或接受彩陶纹饰所具有的象征意义，传播也就中止了。

研究者还特别强调了象征符号在传播过程中的"解码"环节：

对中介符号形态的解码涉及两个方面，一是对意象群的重组、变形或创造。二是对意象隐喻意义的解码。由于艺术隶属于文化，各种文化传统都渗透到艺术活动中来。每一种文化中的宗教、神话、历史等传统都留下了大量具有隐喻性的象征符号，这种象征符号由于具有内容凝练、意味深长的优点常被艺术家作为表意功能单位组合到艺术品中，成为某特定的有机功能整体的组成部分。当这种象征符号形成意象后，就必须对其隐喻意义进行解码，才能深入体味意象群的意味。这种解码大多涉及经验性理解力，一种由文化传统和日常生活经验赋予的理解力。但对不了解该文化的传统的欣赏者来说，可能会发生解码失败或转而求助认知理解力，这种欣赏必然发生某种中断，或未能充分体味其中的意味。[1]

如此看来，彩陶的传播之初也会有"解码"过程，如果这个过程不顺畅，会影响传播的完成。由于文化背景的差异，解码发生偏

1　吴越民：《象征符号解码与跨文化差异》，《浙江大学学报（人文社会科学版）》2007年2期。

差直至失败，传播过程自然就中止。我们现在研究彩陶，也面临一个解码问题，发生解码失败应是常有的事，事实上我们是在"求助认知理解力"，在这过程中无法依赖彩陶固有的文化传统背景。而这种认知能力存在很大的局限，解码成功的概率不会很高。

有很多学者曾经试图解释彩陶纹饰的演变脉络，非常关注那些介于象生形与几何形之间的纹饰。以考古学家的认识来看，从写实的形象到抽象的几何形纹饰的变化脉络，是在地层关系和类型学研究的基础上得到的，某种几何形纹饰是由某种象生类纹饰演化而来的，演变的轨迹有的似乎非常明晰。有的研究者很明确地指出：

仰韶文化的鱼纹、鸟形纹、蛙纹等都是由一种比较写实的图形逐步演化为几何纹样。[1]

李泽厚先生也认为：

仰韶、马家窑的某些几何纹样已比较清晰地表明，它们是由动物形象的写实而逐渐变为抽象化、符号化的。由再现（模拟）到表现（抽象化），由写实到符号化，这正是一个由内容到形式的积淀过程，也正是美作为"有意味的形式"的原始形成过程。……这个由动物形象而符号化演变为抽象几何纹的积淀过程，对艺术史和审美意识史是一个非常关键的问题。[2]

---

1 尚民杰：《史前时期的偶像崇拜》，《中原文物》1998 年 4 期。

2 李泽厚：《美的历程》，中国社会科学出版社，1984 年。

彩陶纹饰由写实演变为几何形之后，人们看到的形式非常简约，内心领会的含义却变得比较隐晦，甚或非常隐晦。

彩陶纹饰的演变，尤其是庙底沟文化彩陶纹饰的演变，在相当多的情况下，其实就是一个符号化的过程，是由写实到写意的一个渐进过程。写实与写意的象征性其实都没有改变，改变的只是表达形式。这种改变由形式上看是向着简约的符号化发展，由有形向无象变化；由含义上看是向着象征性发展，由明示向隐喻转变。从有形到无形无象，所经历的路程也许并没有那么漫长，也没有太多的曲折。

彩陶上"无象"的图案，它的象征意义却不曾削弱，甚至还有增强。我用"得意忘象"来表述彩陶的这种变化，以为是再贴切不过的了。《庄子·外物》有"得意而忘言"，魏晋时的王弼在《周易略例·明象》中引申为"得意在忘象"，所谓"言者，所以明象，得象而忘言；象者，所以存意，得意而忘象"。得其意而忘其象，是早在彩陶时代就已创立的艺术哲学，不用说，这个"象"是有意忘却，是为着隐喻而忘却的。无象而意存，是彩陶远在艺术之上的追求。

末了，我们还是回到鱼纹上来。我们将很多几何纹彩陶与鱼纹联系到了一起。鱼纹对于半坡人和庙底沟人为何如此重要？因为鱼纹的象征意义，是鱼纹的象征性决定了它强大的生命力，决定了它在半坡人和庙底沟人心中的位置。

鱼纹的象征

半坡与庙底沟文化的彩陶上绘有不少的鱼纹。虽然半坡文化的鱼纹风格更接近写实，庙底沟文化鱼纹则更趋于图案化，但这种艺术传统却是一脉相承的。半坡与庙底沟居民为何要在彩陶上表现这样多的鱼形呢?

在以往的研究中，彩陶上鱼纹的寓意被归结为两种：图腾崇拜与生殖崇拜。无论图腾崇拜论还是生殖崇拜论，都有深入的探讨。在《西安半坡》发掘报告中，根据彩陶上广泛见到的鱼纹，发掘者认为半坡氏族可能以鱼为图腾。[1] 石兴邦先生认为:

> 彩陶纹饰是一定的人们共同体的标志，它在绝大多数场合下是作为氏族图腾或其他崇拜的标志而存在的。[2]

根据彩陶纹饰的不同，严文明先生认为:

> 仰韶文化的半坡类型与庙底沟类型分别属于以鱼和鸟为图腾的不同部落氏族。[3]

何星亮先生则认为半坡类型彩陶上的鱼纹、蛙纹、鸟纹、鹿纹等都是图腾，或者是氏族、部落的图腾，或者是个人、家庭的图腾，也可能有一个氏族或家族奉两个图腾的现象。[4] 将半坡文化彩陶中的鱼纹认作半坡人的图腾标记，以图腾崇拜理论对彩陶主体纹饰进行阐

1　中国科学院考古研究所编:《西安半坡》，文物出版社，1963 年。

2　石兴邦:《关于马家窑文化的一些问题》，《考古》1962 年 6 期。

3　严文明:《甘肃彩陶的源流》，《文物》1978 年 10 期。

4　何星亮:《半坡鱼纹是图腾标志，还是女阴象征?》，《中原文物》1996 年 3 期。

释，在研究者中有广泛的认知基础。[1]不少研究者都认为仰韶文化时期盛行图腾崇拜，彩陶上见到的各种动物纹很多可能就是图腾标志。如半坡文化大量人面鱼纹彩陶的发现，使得许多研究者认为鱼可能为半坡人的图腾。[2]有的研究者进一步认定，姜寨遗址的半坡人氏族至少有三个图腾标志，可能代表着三个以上的氏族，这三个标志绘在彩陶盆内，它们被分别埋入各自的氏族墓地。这三种标志都包含有鱼的图形，表明氏族之间可能存在特别的关系。[3]汝州阎村彩陶缸上的鹳鱼石斧图，其中的鹳和鱼被有的研究者认作死者氏族的图腾。[4]

不过彩陶图腾论也有一些问题需要回答。张光直先生1993年发表《谈"图腾"》一文，似乎就表达了不大相同的观点，他说：

在考古学的书籍论文里面，常常看到"图腾"这个名词，是指称在古代器物上动物的图像的。例如，半坡村的仰韶文化的陶钵上画着鱼形，于是鱼便是半坡村住民的图腾。殷商青铜器上铸有虎、牛、蛇或是饕餮的纹样，于是虎、牛、蛇、饕餮这些实有的或是神话性的动物，便是殷商民族的图腾。但是"图腾"有什么意义呢？我们怎样来证明它是图腾呢？这些个问题便很少见有人加以处理。

---

1 钱志强：《试论半坡期彩陶鱼纹艺术》，《史前研究》（辑刊），1988年。

2 宋兆麟等：《中国原始社会史》，文物出版社，1983年。

3 高强：《姜寨史前居民图腾初探》，《史前研究》1984年1期。

4 严文明：《鹳鱼石斧图跋》，《文物》1981年12期；郑杰祥：《鹳鱼石斧图新论》，《中原文物》1982年2期；牛济普：《鹳鱼石斧图考》，《中原文物》1985年1期。

张光直先生特别指出，在中国考古学上图腾这个名词"必须小心使用"。他说如果认为半坡的氏族是以鱼为图腾，就必须将鱼与个别氏族的密切关系建立起来，同时还要将其他氏族与其他图腾的密切关系也建立起来。可是在现有的材料中，建立这两项关系却并不那么容易。同样，殷商青铜器上的虎、牛、蛇和饕餮也适用于这个道理，所以张先生认为"在中国考古学上要证明图腾的存在是很困难的"。[1]这无异于说，过去的彩陶图腾论，还有进一步检讨的必要，还不是定论。

半坡文化彩陶上的人面鱼纹，还被一些研究者认为是女性生殖崇拜的证据。到了半坡文化晚期，女性生殖崇拜可能已转化为男性生殖崇拜，姜寨遗址的彩陶中发现的男根图形便是证明。在其他一些遗址发现了陶祖和石祖等，是当时普遍流行男性生殖崇拜的表现。汝州洪山庙遗址瓮棺上的彩绘纹饰上有男根图形，与仰韶文化彩陶上的图形相同，揭示了洪山庙人生殖崇拜的具体内容。

赵国华先生是彩陶生殖崇拜论的力倡者，他在发表论文《生殖崇拜文化略论》后，[2]出版了专著《生殖崇拜文化论》。他研究的主要对象是史前艺术遗存，彩陶图案中的许多纹饰都被他解释为生殖崇拜的象征。他批评了图腾说的泛化现象：学术界广泛无保留地接受了图腾理论，说半坡母系氏族公社以鱼为图腾、实行图腾崇拜，后来由半坡原始氏族以鱼为图腾说，又引出了河南庙底沟远古先民以蛙为图腾说、以花为图腾说，其他原始社会遗存中以鸟为图腾说，

1　张光直：《考古人类学随笔》，生活·读书·新知三联书店，1999年。

2　赵国华：《生殖崇拜文化略论》，《中国社会科学》1988年1期。

　　　　　　　　　　　　　　　　　　　　　　　　动物有灵

还有葫芦图腾说、龙蛇图腾说等，不仅有考古学家和历史学家提到图腾，民族学家、宗教学家、古文字学家、哲学家、美学家、美术史专家、神话学专家、民间文学专家和民俗学专家也都在讲图腾。但是"许多著述往往是将图腾一词做简单的套用，普遍缺少应有的论证和具体的说明"。[1] 赵国华先生批评图腾说，是为引出他的新说。他认为：

　　从表象观察，是半坡先民崇拜鱼类；从深层分析，则是他们将鱼作为女阴的象征，实行生殖崇拜，其目的是祈求人口的繁盛。[2]

在一些研究者看来，生殖崇拜论已经让图腾论有了动摇。

　　赵国华先生说彩陶鱼纹是女阴崇拜，鱼纹是女阴的象征。他的论证也并不充分，类似的旁证实在太少。有人认为将一切都归因于"原欲"，将贝壳、石祖、柱头、鱼纹都看成是生殖器的象征，也有推理过度的嫌疑，类似的研究也表现出简单化的倾向。后来还有一些研究者发展了生殖说，特别强调庙底沟文化"彩陶图案的中心主题是生殖"，认为"弧边三角"，若看阳纹是鸟是阳器，看阴纹是花是阴器。[3] 不用说，这是一种先入为主的误读，解释的依据也很难令人信服。

　　我们在这里并不准备将纹饰意义的探讨铺展开来，因为这个问

1　赵国华：《生殖崇拜文化论》，中国社会科学出版社，1990年。

2　赵国华：《生殖崇拜文化论》，中国社会科学出版社，1990年。

3　余西云：《西阴文化：中国文明的滥觞》，科学出版社，2006年。

题眼下不可能有准确的答案，包括下面提及的与鸟纹和蛙纹相关意义的解释，都不会很快有最终的结论。在进行彩陶纹饰变化的讨论时，虽然也感到纹饰包含有深层的含义，但并没有企图解开那些眼前还不能完全解开的谜。

其实，像半坡文化彩陶中的鱼纹，也许并非图腾，也不会与生殖崇拜有关。

首先，将分布地域这样广大的鱼纹归结为与生殖崇拜相关，也许有将问题简单化的倾向。我们知道半坡人的儿童死亡率非常高，他们的出生率应当不低，人口增殖并不是社会关注的重要问题，相反过快的人口增长可能让他们感到更大的压力。从大量存在的儿童瓮棺葬看，半坡人也许实行过包括杀婴在内的种种限制人口增长的方法，而杀婴造成了男多女少两性比例的严重失调，客观上抑制了人口增长的速度。男多女少的高性比在半坡时代及以后，在整个黄河流域是普见的现象，半坡人的性比高达 1.74：1，这样的性比有可能是为抑制人口无序增长而有意控制的。[1] 半坡人不应当有多产的愿望，将鱼纹解释为生殖崇拜的象征也就没有了立论的基础。

其次，图腾标志必须为一个规模有限的氏族所拥有，而在半坡文化中，它却是普见的纹饰，分布范围很广，很明显不可能为某一氏族专有。这样看来，鱼纹有可能为更大规模的人类集团的徽识，这个集团正是半坡人的联盟，也许就是一种政治或军事组织，它应当是初期文明的一种形式。当然，半坡人为何选择鱼纹作为标识，这个问题还值得深入研究。

1　王仁湘：《中国新石器时代人口性别构成再研究》，《中国史前考古论集》，科学出版社，2003 年；陈铁梅：《中国新石器墓葬成年人骨性比异常的问题》，《考古学报》1990 年 4 期。

　　　　　　　　　　　　　　　　　　　　　动物有灵

近年关于彩陶鱼纹意义的研究，又有研究者提出了"鱼龙说"，认为"中华龙的母题和原型是鱼"，由仰韶文化彩陶上的鱼纹发展演变而成，认为夏族的来源与鱼族有紧密的联系。这也许可以作为解开鱼纹彩陶象征意义的一个非常重要的切入点，很有希望得出有价值的结论。

半坡人的鱼纹为庙底沟人沿用，虽然构图有了很大变化，但传统却是一脉相承的。鱼纹徽识给我们透露出来的信息就有了更值得关注的内容。

游鱼在水，鱼水相得。绘着鱼纹、盛着清水的彩陶盆，也许不是寻常的日用器皿。这种彩陶绝少出现在成人墓葬中，在西安半坡是这样，在秦安大地湾也是这样，它当初应当是一样圣器。

由彩陶艺术表现方式研究，鱼纹的演变经历了观物取象、得意忘象和大象无形的艺术过程，无象之美成为彩陶最大的魅力所在。由彩陶确立起来的艺术传统，对中国古代艺术的发展产生了深远的影响。

史前彩陶鱼纹的流行与扩散，有深刻的文化背景作支撑，在这一次艺术大潮涌起的背后，东方古老文化开始趋同，政治也走向趋同，这为后来统一帝国的兴起奠定了深厚的根基。

本文原名"庙底沟文化鱼纹彩陶论"，发表于《四川文物》2009年2、3期。

神话的真相

——代跋

　　每一个民族都拥有原创神话，口耳间相传一些遥远的故事，它是民族历史古老的记忆。神话从诞生的那一刻起，就似乎只存在于那古老的话语版本里，一代代人在口传或文字里接受神话的洗礼。考古学诞生以后，我们有幸看到了历史遗留下来的许多图像神话版本，神话的形色细节开始透过眼睛进入我们的大脑。这个转变来得并不十分顺畅，以前易于听懂的故事，现在未必一眼就能从图像中观看得明明白白。依仗智者的引领，我们才有可能通过古老的图像悟出神话的真相，发掘出其中隐含的历史信息。

　　叶舒宪的新作《图说中华文明发生史》即将出版（南方日报出版社，2015 年），他嘱我写个序文，我迟迟不敢动笔，因为觉得跟不上他思维的节奏，而且我们问学的始点和角度并不相同。但看了他的书稿，却产生了共鸣，或者说还感受到了一种震撼。他的书告诉我们，神话不仅变得可以看见，可以触摸，神话居然放射着信史的光芒。我还发现，自己和叶舒宪有一些共同的研究节点，对那些熟识的古物，我们所知所见略同，如商代玄鸟与猫头鹰的表里关联。他的这本书从头至尾读来，很像是一部考古学著作，使用了大量考古资料，又较之一般考古学著作更显缤纷之色。一方面，图文并茂使阅读变得更加轻松；另一方面，让图像叙事引领文字叙述或理论阐述，凸显出一种知识考古的趣味。想来这篇序文，倒是可以写作，可以说一说考古学与神话学的瓜葛。

看了叶著，感觉像跟随智者探访了神话后面的真实历史图景。他由神话文本解释考古图像，借此探讨文明发生的过程，重新解读神话中的历史真实。叶著借用人类学的术语"大传统"和"小传统"，给予颠覆性的重新定义，即始于无文字时代的传统为大，文字记录的传统为小。他由此将中国古代文化区分出大传统和小传统，认为玉石是中国大传统的象征符号，神话观念是大传统的文化基因。将玉石与神话的意义提升到前所未见的认知高度，这也成为叶著的突出特色。叶著认为，《山海经》在小说形式中蕴含着某种信史的信息，在神话与历史之间架起了一个沟通的桥梁。他探索的中心是"从宗教和神话看中华文明发生"，具体是由玉的神话解读中华文化的"原型密码"，并把驱动玉文化发生发展及跨地域传播的动力归结为前中国时代就已形成的一整套神话信仰观念，简称为"玉教"。他还从熊龙图像与文献考述祖先神话，由玉钺考察王权神话，进而探讨尧舜传说，由神熊崇拜追溯夏王朝的信仰传统，由玄鸟崇拜考察商族来历，又由凤鸟传说研究西周王权神授的信仰本源。三代神话都有考古图像印证，两个体系合一，这是对中华文明发生过程的一个简洁而完整的新描述。

叶舒宪的这些讨论都依从了他自己首倡的"四重证据法"，有文，有史，有图，有真相。2009 年，叶舒宪组织启动中国社会科学院重大项目"中华文明探源的神话学研究"，由语言文学同考古学、历史学等互动，意识到前文字时代"物的叙事"对于文学人类学研

　　　　　　　　　　　　　　　　　　动物有灵

究的重要意义，提出以"四重证据法"作为中国文学人类学的方法论基础。所谓四重证据法是：传世文献、出土文献和文字、人类学的口传与非物质文化遗产、考古图像和实物。正是由这个基础出发，叶舒宪提出由人类学、神话学视角进入中华文明探源工程的整合研究思路，以大量考古学实物为基础材料，充分调动人文解释学的阐释力，"让无言的出土器物发出声音，甚至说出话来，从中探索无文字记载的远古时代的社会和文化信息，从而重构出失落的历史线索"。叶舒宪强调，要充分借鉴国际上比较神话学研究的跨学科经验，他认为：

中华文明探源工程缺失了神话学视角，阻碍着考古学素材和人文学科阐释之间的沟通。物的叙事这一视角恰好能够弥补这一缺失。如今的比较神话学研究，已将神话叙事的概念应用到图像和文物之上。从整合性视野看，神话是作为文化基因而存在的，它必然对特定文化的宇宙观、价值观和行为礼仪等发挥基本的建构和编码作用。

我们知道，这个文明探源工程是由考古学家主导的，它重视的更多的是实证，但对于实证的解释又非常谨慎，不敢越雷池一步。特别是回避了神话与传说的研究途径，这反而削弱了实证的作用。在这个时候，走出考古学的学科壁垒，向其他学科求援是一条必由之路，叶舒宪带来了一路援军，我们应当张开双臂欢迎。

通过实践四重证据法，叶舒宪的神话研究已经走出书斋，走向了田野，走向了博物馆和考古现场。我觉得他大体完成了考古与神话的对接，而且是系统的对接。他尝试的这种研究方向，可以称为图像考古，也类似于一种重建失落的历史脉络的知识考古，可以链接的考古学分支学科是认知考古学。

神话与真实之间，可以这样对接么？叶舒宪的回答是肯定的，当然这种对接其实并不容易，作者完成的是在神话与考古之间的对接，或者可以称为虚与实的对接。我觉得这个对接获得了很大成功。这个成功，既解释了神话，更解释了考古，两全其美。这样的解释，让考古人重新认识了神话的价值所在，也使考古在神话里体现了自己的价值。

考古与神话，作为学问而言，似乎本无什么联系。神话很古老，老到数千岁以上；考古很年轻，年轻得只有百多岁。在神话学那里，两者早先互不相知。在考古学这里，两者相识但互不搭界。

但它们有两个共同点，一是内涵都很古老，二是魅力都很强大。这样想来，它们又注定是搭界的。

考古学家在很长时期都排斥神话研究，他们不知考古获得的信证很多都与神话有关。我们所研究的那个时代的人，都生活在历史建构的信仰中，而信仰的表现形式主要是神话。可以这样说，没有神话，那一段历史便无所凭依。没有文字的时代，神话以考古图像的方式保存着，神话中有很真实的历史。神话一直被归属文学范畴，神话叙述不论是口传或是以文本形式存在，都是描述式的，都是通过受者各自的想象进行二度创作后保存并传播的，所以改变也是不可避免的。但古老的图像却保存着神话相对原始的面貌，是更可信赖的史实。以考古图像求证神话的本源，以图像神话求证历史的真相，顺理而成章。考古为寻找本原神话，为重建神话体系，是可以

　　　　　　　　　　　　　　　　动物有灵

作出贡献的。

当然，在神话、考古与历史之间，并不能简单划上等号。要研究各自的表达体系，找到它们的吻合点。这个过程不是个别事项的比对，而是整体系统的观察。叶舒宪的新作进行了这个整理工作，我觉得他找出了许多的吻合点，所以他划上了一些比较确定的等号。

当然早期文明史并不都在神话里，但神话却可以勾勒出这样一个大致的历史轮廓，这已经令我们大喜过望了。

神话是思想的历史。考古研究擅长研究物，考古人似乎还没有准备好，或者说还没有足够的素养从事神话研究。所以不屑或排斥神话的研究，也是可以理解的，但并不能认为这是正常的。

神话的真相，就存在于考古之物证上，只是过去对这些物象缺乏中肯的解释。叶舒宪对这些物象非常关注，他说："物的叙事带来的信息足以解释文献叙事的所以然，从而帮助今人重新进入历史。"他认为在考古发现的图像叙事和实物叙事中，可以解读出神话思维，辨识出神话叙事，可以发现神话意象。他认为"以往的神话研究大多属于纯文学研究，所看到的只是文学文本。未来的神话研究将拓展到文字以外的新材料，称为物质文化或物的叙事"，这便是他所说的"第四重证据"。[1] 这样就可以"重估从炎黄始祖到尧舜禹汤文武的圣王叙事谱系，构建出一幅以新知识视角为观察点的中华文明发生历程之全景图"。

1　叶舒宪:《玉的叙事与夏代神话历史的人类学解读》,《中国社会科学报》创刊号，2009年7月1日。

叶著是部普及性著作，我觉得一般读者是可以读懂这"全景图"的轮廓的。这个研究是开创性的，我们不会要求它一开始便那么尽善尽美。这个研究还会深入下去，我相信今后一定会看到更完备的结论。

　　本文原为叶舒宪《图说中华文明发生史》序，载叶舒宪著：《图说中华文明发生史》，南方日报出版社，2015年。

　　　　　　　　　　　　　　　　　　　　　　　　动物有灵

插图目录

神龙诞生

图1　良渚玉刻神像　　　　　　　　　　　　　　　　　　2

图2　赵宝沟文化龙纹陶器　　　　　　　　　　　　　　　2

图3　红山文化玉龙　　　　　　　　　　　　　　　　　　3

图4　红山文化玉龙　　　　　　　　　　　　　　　　　　3

图5　陶寺彩绘龙盘　　　　　　　　　　　　　　　　　　3

凤舞千年

图1　汉代凤鸟图　　　　　　　　　　　　　　　　　　　7

图2　甲骨文中的凤字　　　　　　　　　　　　　　　　　7

图3　妇好墓出土铜器铭文中的"妇好"　　　　　　　　10

图4　妇好墓出土玉凤　　　　　　　　　　　　　　　　10

图5　妇好墓出土玉龙　　　　　　　　　　　　　　　　10

图6　石家河罗家柏岭遗址出土玉凤　　　　　　　　　　10

图7　天门石家河新出土带扉牙玉佩　　　　　　　　　　10

图8　湖南澧县孙家岗出土玉凤　　　　　　　　　　　　11

图9　天门石家河新出土展翅玉凤佩　　　　　　　　　　14

图10　天门石家河新出土对鸟玉佩　　　　　　　　　　14

图11　妇好墓出土带扉牙玉器　　　　　　　　　　　　14

图12　妇好墓出土带扉牙玉器　　　　　　　　　　　　14

图13　石家河遗址出土凤鸟形冠玉神面　　　　　　　　14

图14　美国国家博物馆藏石家河文化玉两面神　　　　　14

图15　金沙遗址出土太阳神鸟金箔　　　　　　　　　　15

图 16　汉画中的金乌　15

图 17　余姚河姆渡遗址出土刻画双鸟朝阳的象牙　15

图 18　华县泉护村遗址鸟纹彩陶　15

图 19　三门峡虢国墓地出土西周对鸟佩饰　15

图 20　河南邓县出土南朝画像砖母子凤凰图　18

图 21　湖北云梦睡虎地出土秦代彩绘漆盂　18

图 22　广州南越王墓出土龙凤纹玉佩　18

图 23　陕西澄城县王庄镇柳泉九沟村西周墓出土四神玉印　21

图 24　殷墟妇好墓出土四神玉印　22

图 25　河南三门峡西周墓出土四神铜镜　22

图 26　海昏侯衣镜铭中的四神漆书　22

图 27　海昏侯墓出土很多附有鸟图形的文物　23

龙飞凤舞

图 1　石家河文化玉龙玉凤　26

图 2　妇好墓出土"龙凤配"玉器　26

图 3　曲沃晋侯墓 M63 出土玉龙凤　26

图 4　三门峡虢国墓出土上凤下龙玉柄形器　26

图 5　长安张家坡西周墓出土玉龙玉凤　27

图 6　曲沃晋侯墓地 M31 出土龙凤纹玉圭形饰　27

图 7　上海博物馆藏西周玉龙凤　27

图 8　河南辉县琉璃阁 M60 出土佩玉　29

图 9　台北故宫藏西周龙凤玉佩　30

图 10　陕西长安张家坡 M157 出土同体玉龙凤　30

图 11　山西曲沃晋侯墓 M102 项饰玉组佩　30

图 12　湖北当阳曹家岗春秋楚墓的漆棺画　30

图 13　山西太原赵卿墓出土玉龙凤　31

图 14　河南光山黄季佗父墓出土双龙首和龙凤首玉璜　31

图 15　湖北枣阳九连墩出土双凤龙形玉佩饰　31

图 16　湖南长沙八一小学 M1 龙首凤尾 S 形玉佩　31

图 17　江苏无锡鸿山越国贵族墓龙凤同体 S 形玉佩　31

图 18　河南辉县战国金银错车具龙凤交体纹　　32

图 19　河南洛阳金村出土 S 形玉凤佩　　34

图 20　河南洛阳金村出土龙身玉凤佩　　34

图 21　山西侯马虒祁 M2129 龙凤合体 S 形玉佩　　34

图 22　山西侯马出土双凤合璧玉佩　　34

图 23　陕西秦都咸阳城遗址出土龙凤合体 S 形玉佩　　34

图 24　山东曲阜鲁国故城 M58 出土龙首凤尾 S 形玉佩　　34

图 25　山东曲阜鲁国故城 M58 出土双凤合璧玉佩饰　　34

图 26　安徽合肥出土龙首凤尾合体 S 形玉佩　　34

图 27　河北易县燕下都出土双凤首玉佩　　35

图 28　河北平山中山王 M1 出土双凤合璧玉佩　　35

图 29　河南洛阳西工区出土双龙双凤玉璧　　35

图 30　长沙楚墓出土两幅帛画　　35

图 31　吴大澂《古玉图考》收录的龙凤玉佩　　38

图 32　广州南越王墓出土一龙二凤璧　　39

图 33　山东曲阜九龙山汉墓出土龙首凤尾 S 形玉佩　　39

图 34　河北定县 M40 出土双凤玉璧　　39

图 35　北京大葆台 M1 出土龙凤同心佩　　39

图 36　台北故宫博物院藏双龙双凤玉佩　　39

图 37　江苏省扬州市邗江甘泉"妾莫书"西汉墓出土璜式一凤双龙玉佩　　39

对鸟解题

图 1　山西襄汾陶寺遗址出土史前玉牌饰　　42

图 2　湖北天门肖家屋脊（左）和钟祥六合（右）出土石家河文化玉牌饰　　46

图 3　湖北枣阳九连墩出土战国玉牌饰　　46

图 4　重叠比较的两块玉牌饰　　46

图 5　半体重叠比较的两块玉牌饰　　46

图 6　鸟形重叠比较的两块玉牌饰　　46

图 7　山西曲沃横北西周墓出土玉兽面　　47

图 8　商代铜器上的对鸟纹　　48

图 9　西周铜器上的对鸟纹　　48

图 10 战国楚国虎座鸟架鼓 49

图 11 战国楚国漆座屏上的对鸟图形 49

图 12 河北平山中山国墓出土凤形玉佩 50

图 13 重庆涪陵小田溪出土双凤玉佩 50

图 14 河北满城刘胜墓出土凤形饰 50

图 15 唐代对鸟联珠纹织锦图案 51

图 16 唐代双鸟纹玉梳 51

图 17 唐代对鸟异形铜镜 51

图 18 北京房山出土金代双鸟衔芝玉佩 51

图 19 鲁南苏北汉代画像石上的对鸟图像 52

图 20 现代双鸟纹蜡染 53

图 21 现代剪纸抓鸡娃娃 53

饕餮重构

图 1 皿方罍回归合体 57

图 2 皿方罍器身纹饰 58

图 3 虎食人卣与龙虎尊 60

图 4 分合不同的动物头面额心的方菱纹 63

图 5 商代前期的兽面解构 64

图 6 商代后期全侧视动物组合的显身兽面解构 65

图 7 皿方罍动物头面纹 66

图 8 西周全侧视动物组合的显身兽面解构 66

图 9 郑州白家庄出土商代早期铜器上的对头全形动物纹 66

图 10 司母戊鼎和妇好鼎上的显身兽面 67

图 11 商（上）周（下）隐身兽面纹 68

图 12 西周铜器对鸟纹 69

图 13 妇好鸮尊 69

图 14 皿方罍盖上的倒动物头面纹饰 72

鸮鸟通神

图 1   仰韶文化陶鸮尊   74

图 2   玉鸮   74

图 3   红山文化玉鸮   75

图 4   红山文化玉鸮   78

图 5   石家河文化玉鸮   78

图 6   良渚文化玉鸮   78

图 7   玉鸮   79

图 8   绿松石鸮   79

图 9   仰韶文化陶鸮面   79

图 10   齐家文化鸮面罐   81

图 11   红山文化玉鸮面   82

图 12   红山文化玉鸮面   82

图 13   仰韶文化彩陶上的类鸮目纹   83

图 14   红山文化鸮形玉器的演变推测   84

图 15   红山文化鸮形玉器的演变脉络   85

图 16   私人收藏的玉鸮   87

图 17   红山文化抽象形态的玉鸮   87

图 18   陶鸮   88

图 19   商代玉鸮   88

图 20   鸮   89

图 21   汉釉陶鸱鸮   89

鸣鸢招风

图 1   现代纸鸢   93

图 2   汉画上的虎与鸢   96

图 3   汉代瓦当上的家字与鸢   96

猴情千年

图 1   大溪文化遗址出土玉猴坠   100

图 2　巫山大溪文化遗址出土玉雕母子猴　　　　　　　　100

图 3　顺山集遗址出土陶猴面　　　　　　　　　　　　　100

图 4　拉萨曲贡遗址出土陶猴面　　　　　　　　　　　　101

图 5　石家河遗址出土陶猴　　　　　　　　　　　　　　101

图 6　曲阜战国猴形银带钩　　　　　　　　　　　　　　101

图 7　石寨山遗址群猴青铜扣饰　　　　　　　　　　　　102

图 8　石寨山遗址群猴青铜扣饰　　　　　　　　　　　　102

图 9　四川出土摇钱树局部　　　　　　　　　　　　　　103

图 10　四川绵阳出土摇钱树部件　　　　　　　　　　　103

猴鸟解谜

图 1　河北平山中山王墓出土的十五连枝灯　　　　　　108

图 2　中山王墓出土的另一件铜人俑擎灯　　　　　　　108

图 3　贵州出土东汉连枝灯　　　　　　　　　　　　　　109

图 4　汉代铜摇钱树上勾挂的猴形　　　　　　　　　　109

图 5　四川绵阳出土的汉代摇钱树　　　　　　　　　　110

图 6　内蒙古和林格尔汉墓壁画　　　　　　　　　　　112

图 7　河南郑州汉画树下射鸟图　　　　　　　　　　　112

图 8　山东微山两城山汉画　　　　　　　　　　　　　　112

图 9　山东微山两城山另一幅射鸟图　　　　　　　　　112

图 10　成都出土汉画像砖　　　　　　　　　　　　　　113

图 11　河南南阳汉画双人树下射鸟图　　　　　　　　113

图 12　山东某地见到的双人树下射鸟图　　　　　　　113

图 13　安徽萧县汉画中的树上的鸟与猴　　　　　　　114

图 14　河南郑州出土汉画中的射鸟图　　　　　　　　115

图 15　山东滕州出土的汉画射鸟图　　　　　　　　　115

图 16　河南洛阳吉利区西晋墓葬石刻射鸟图　　　　　116

图 17　安徽萧县汉墓中见到的建筑图像　　　　　　　117

图 18　四川画像砖上的汉阙和双猴　　　　　　　　　117

图 19　四川新都汉画野合图　　　　　　　　　　　　　118

图 20　甘肃高台骆驼城魏晋壁画树下射鸟图　　　　　119

图 21　甘肃嘉峪关魏晋砖画驱鸟护桑图　119

图 22　甘肃酒泉魏晋墓壁画鸟猴裸女图　119

龟甲占卜

图 1　成都金沙遗址卜甲　121

图 2　殷墟刻文卜甲　122

鱼龙百变

图 1　庙底沟文化时期彩陶上的写实鱼纹　128

图 2　彩陶上的典型鱼纹　130

图 3　晋南地区的简体鱼纹彩陶　131

图 4　河南灵宝几个地点发现的鱼纹彩陶　131

图 5　早年发现的简体鱼纹彩陶　132

图 6　甘肃白龙江和西汉水地区出土彩陶　134

图 7　彩陶典型鱼纹与简体鱼纹残片判断坐标图　135

图 8　彩陶上的典型鱼纹与简体鱼纹残片的判断　136

图 9　内蒙古南部出土鱼纹彩陶　138

图 10　典型鱼纹彩陶分布范围图　140

图 11　简体鱼纹彩陶分布范围图　141

图 12　山西芮城东庄村半坡文化无体鱼纹彩陶　143

图 13　陕西临潼姜寨遗址彩陶圆目与偏目鱼纹　146

图 14　甘肃出土彩陶上的圆目纹和偏目纹　147

图 15　典型鱼纹与简体鱼纹共存举例　149

图 16　彩陶典型鱼纹到简体鱼纹的演变　151

图 17　临潼姜寨遗址出土典型鱼纹与简体鱼纹共存彩陶　152

图 18　典型鱼纹向简体鱼纹演变的中间形态　153

图 19　彩陶鱼纹唇部的变形与元素提取　155

图 20　甘肃秦安大地湾半坡文化彩陶中的西阴纹因素　156

图 21　半坡文化与庙底沟文化彩陶中的西阴纹比较　157

图 22　庙底沟文化彩陶典型西阴纹　158

图 23　秦安大地湾遗址彩陶中花瓣纹的演变　160

图 24　彩陶上无头鱼纹头部的纹饰　163

图 25　圆盘形纹与不同纹饰的组合　164

图 26　双瓣式花瓣纹与圆盘形纹组合及变异　166

图 27　彩陶上与鱼纹同在的圆盘纹　168

图 28　从鱼纹扩展出来的图案　169

图 29　半坡与庙底沟文化的菱形纹彩陶　171

图 30　彩陶上的简体鱼纹与三角纹（菱形结构）　172

图 31　彩陶鱼纹向菱形纹演变的另类推测　174

图 32　彩陶鱼纹的演变之一　177

图 33　鱼纹头部的局部扩展之一　178

图 34　彩陶鱼纹头部的分解与重组　179

动物有灵

凡世与神界书系

◆ 日月崇拜
艺术考古随记之一
王仁湘　著

◆ 动物有灵
艺术考古随记之二
王仁湘　著

◆ 造神运动
艺术考古随记之三
王仁湘　著

◆ 王者仗钺
艺术考古随记之四
王仁湘　著

上海古籍出版社